Sigrid Hornstein

Gesetz der Anziehung = Seelenplan = Blockaden lösen

Verstehe die Botschaften, Visionen und Engel Zeichen aus dem Universum!

Set bestehend aus diesem Buch und dem

Tagebuch: Liebe anziehen!

Bibliographische Information der Deutschen Nationalbibliothek
Die Deutsche Nationalbibliothek verzeichnet diese Publikation in der deutschen Nationalbibliographie; detaillierte bibliographische Daten sind im Internet über http://dnb.d-nb.de abrufbar.

Umschlaggestaltung: Angelina Schulze & Sigrid Hornstein

Umschlagbilder:
Engel Herzen: © JiSign – fotolia.com
Liebe (Frau mit Sprechblase): © DDRockstar – fotolia.com

Layout und Satz des Buches: Angelina Schulze & Sigrid Hornstein

Verlag:

Angelina Schulze Verlag
Vor dem Walde 9
38268 Lengede

Schulze-Verlag@gmx.de

www.angelina-schulze.com

Druck und Verarbeitung: Angelina Schulze Druckerei, Deutschland

1. Auflage Juli 2015

ISBN vom Set: 978-3-943729-38-2

Inhaltsverzeichnis

Vorwort

Wir, das Universum, sind eine für dich unvorstellbar große Anzahl von Energiewesen und bekommen von dir unendlich viele schöne Namen.
Einige von euch sprechen uns mit dem Namen "Gott" an und wieder einige mit dem Namen "Engel". Andere nennen uns Allah, Buddha, Jesus, Maria, Höheres Selbst, Ur-Seele, Energie, Morphogenetisches Feld, Matrix, Quanten, oder wie auch immer **du** uns nennen magst. Unser Name bzw. unsere Bezeichnung die wir von dir bekommen, sind für uns nicht von Bedeutung. Wir hören dir immer zu, und zwar über dein Fühlen.
Wenn du anfängst mit uns zu sprechen oder auch nur an uns zu denken, dann gehst du in ein ganz besonderes Gefühl hinein.
Ihr würdet es als eine Art Frequenz bezeichnen. Diese besondere Art der Frequenz ist mit uns abgestimmt worden, schon sehr lange bevor du dich vermenschlicht hast und du dich für das "Wunder"- schöne Abendteuer "Leben" entschlossen hast.
Lange Zeit warst auch du eine/r von uns, in der Schwerelosigkeit, ohne einen Körper und für eure menschlichen Sinne nicht sichtbar oder tastbar. Wenngleich **immer fühlbar!!!**

Wir, die wir stets mit unserer vereinbarten Frequenz, mit dir und allem was ist, verbunden sind, nehmen eine Anhäufung unguter Energien wahr und sind sehr lange schon bemüht, vermehrt Kontakt zu euch herzustellen, um euch wissen zu lassen, dass ihr dieses Abenteuer "Leben" nicht und zu keiner Zeit ohne uns und unsere liebevolle Führung, Begleitung und Unterstützung lebt.

Im Bewusstsein, dass unsere Anwesenheit und Botschaften einigen von euch auch Angst machen, wählen wir ganz einfach eure Sprache, mit der Übersetzerin Sigrid, um uns bei euch Gehör zu verschaffen.

Nicht alle werden bereit sein uns zuzuhören. Jeder von euch Seelen befindet sich in ganz unterschiedlichen Dimensionen und Zonen eurer Abkommen und Vereinbarungen mit uns. Deshalb wissen wir, dass nur die die es hören werden, die unseren Botschaften auch gewachsen sind.
Und dennoch habt ihr, vermenschlichte Seelen alle eins gemeinsam!

Ihr seid Suchende und die wenigsten von euch wissen bereits wonach sie suchen.

Ihr wünscht euch so sehr eine Antwort darauf, dass wir uns entschlossen haben, euch hiermit Antworten zu schenken.

Kannst du es bereits jetzt fühlen, dass wir bei dir sind?

Lass uns mutig und in vollkommener Verbundenheit gemeinsam deine menschliche Ebene, mit diesem Buch betreten,

herzlichst dein/e..

Wie immer du uns nennen magst.

Kapitel 1:

Gestatte mir, bevor ich das Sprachrohr der geistigen Welt sein darf, mich dir in meiner Weltlichkeit und Menschlichkeit vorstellen zu dürfen.

Viele unzählige Leben habe ich, genau wie du, bereits mit dir hier auf der Erde verbracht.
Genau wie du war ich in einigen Leben mal ein Täter und mal ein Opfer (vorher-)bestimmter Ereignisse.
Genau wie du habe ich mich mal in männliche Seelen und in weibliche Seelen verkörpert.
Genau wie du habe ich mich für unzählige wilde oder mal weniger wilde Abenteuer des Lebens entschieden.

Wir haben somit sehr viele gemeinsame Erfahrungen gemacht. Und mit diesen Erfahrungen sind wir noch heute sehr verbunden. So wie wir alle (Menschen und Lebewesen) miteinander verbunden sind.

Doch jetzt möchte ich mich in diesem Leben, in dem ich mich befinde, vorstellen:

Als ich geboren wurde war ich, so wie wir alle, voller Liebesenergien.
Mit dem älter und größer werden, mussten wir Menschen, so auch ich, jedoch erfahren und erleben, dass man für die Liebe, die man sich von seinen Mitmenschen ersehnt, sehr viel tun muss.
Unerwünschtes Verhalten führte zu einem schmerzhaften Liebesentzug. Während die Anpassung und damit die Unterdrückung der eigenen Bedürfnisse zu dem gewünschten Ergebnis, nämlich die Liebe und Anerkennung zu bekommen, zum Erfolg und dem Gelingen führten.

Sehr schnell habe ich gelernt, ja schon fast trainiert, mich in diese, für alle Beteiligten, stimmige Verhaltensmuster zu begeben und mich so in die Gesellschaft einzureihen.
Mit dieser Anpassung an die Regeln der Gesellschaft, beginnen wir uns ganz unbewusst, selbst zu verlieren.
Meinungen werden ohne, dass wir sie selbst hinterfragen, einfach so übernommen.
Und es sind nicht nur die Überzeugungen der anderen, die wir bis ins Mark verinnerlichen. Darüber hinaus bildet sich auch unweigerlich eine Art Gruppendynamik oder ein s.g. Gruppenzwang.

Meine innere, immer lauter werdende Stimme, hat mich ständig in Schwierigkeiten gebracht, da mir meine innere Stimme penetrant befohlen hat anders zu sein, anders zu denken, zu handeln, zu fühlen und immer wieder alles zu hinterfragen.
Der Kampf zwischen meinem Verstand, mich in die "Norm" eingliedern zu müsse oder meiner inneren Stimme folgen zu können, war manchmal fast unerträglich.

Genau wie du war und bin ich eine Suchende nach den Antworten auf so viel quälende Fragen.
Begonnen hat meine Suche danach bereits in meiner Kindheit.
Dazu muss ich etwas ausholen.

Seit ich denken kann, kann und konnte ich die Aura und die energetischen Verbindungen der Menschen miteinander, in deutlichen Farben und Lichterscheinerscheinungen sehen.
Das erschien mir als Kleinkind nicht weiter was Besonderes zu sein, da an den heiligen Bildern und Statuen überall die Heiligenscheine zu sehen waren. Somit war ich in der Annahme, dass diese Lichterscheine wohl jeder Mensch sehen kann.

Erst im Laufe meines Heranwachsens und vieler Gespräche und Unterhaltungen darüber, wurde mir zunehmend bewusster, dass das wohl nicht alle sehen können.
Diese, wie ich sie nenne, "Erscheinungen", schienen für mich nicht besonders hilfreich. Etwas Besonderes zu haben oder zu sehen, eine außergewöhnliche Gabe oder Fähigkeit zu besitzen, schien mir in unserer Gesellschaft nicht gerade förderlich zu sein. Ganz im Gegenteil!
Noch bevor ich überhaupt bereit war mich zu „Outen", musste ich immer wieder miterleben, dass das Wort „Verrückt" wohl eher die passende Bezeichnung für eine Gabe oder außergewöhnliche Fähigkeit gewesen ist.
Ich wollte alles, aber bitte bitte nicht verrückt sein.

Warum konnte ich nicht so sein wie meine Schwestern?

Warum konnte ich denn nicht so sein wie alle anderen?

Ich gab mir, mit dieser Erkenntnis, dass ich irgendwie anders war als die meisten anderen, selbst ein Versprechen. Ich habe mir geschworen, dass ich niemals und mit keiner anderen Seele darüber sprechen werde, was ich sehen, bzw. vorhersehen kann.
Doch das Schicksal wollte es anders!

Meine inneren Kämpfe machten mich zu einer Suchenden nach den Antworten auf so viel quälende Fragen.

Nachdem mir die Unterschiede der Menschen so sehr nah und direkt in meinem Leben sehr offensichtlich aufgezeigt worden waren, habe ich mich (gezwungenermaßen) schon sehr früh mit den unterschiedlichen Verhaltensmustern meiner Mitmenschen befasst.

Dabei gab es so vieles was ich nicht verstehen oder auch irgendwie nachvollziehen konnte.

Der Wunsch nach Ruhe und Rückzug in meine kleine heile Welt wurde immer stärker.

Bis die Liebe meines Lebens vor mir stand. Recht früh, wir beide waren erst 15 Jahre jung, lernte ich meinen zukünftigen Ehemann und den Vater meiner beiden Kinder kennen.
Was war das für ein wunderschönes Gefühl...Wie nennt man dieses verzaubernde Gefühl? Warum ist mir dieser Mensch so vertraut? Warum weiß ich bereits jetzt, dass ich diesen Menschen heiraten werde und wir unser Leben miteinander verbringen werden?
Wir schienen unzertrennlich und waren dann fast 30 Jahre (mit kleinen Höhen und Tiefen) ein Herz und eine Seele.

In all unseren gemeinsamen Jahren konnte ich zig Ereignisse voraussehen und so auch unsere Trennung. Einige Ereignisse, die mir vorhergezeigt wurden, sind manchmal, bevor ich es unter Kontrolle hatte, einfach so aus mir herausgeplatzt und ich habe sie unbewusst und versehentlich laut ausgesprochen. Doch weitgehend hatte ich es ganz gut im Griff und so hatte ich das Meiste für mich behalten.
Wir haben zwei wundervolle Seelen bekommen. Ein Junge und ein Mädchen. Nebenbei, die wertvollsten Geschenke meines ganzen Lebens. Danke, danke, danke☺.

Auch wenn ich sehen konnte was geschieht oder gleich geschehen wird, so konnte ich es dennoch nicht verhindern.
Oft war ich mit unerträglichen Schuldgefühlen belastet. Warum nur konnte ich es denn nicht verhindern?
Mein Knieunfall, der Sturz meines Sohnes von einem Balkon...oder auch die Trennung von meinem Mann und mir? (Um nur ein paar kleine Beispiele zu nennen).
Für was sollte das alles denn nur gut sein, zu wissen was kommt und diese Erscheinungen zu haben, wenn ich

doch so machtlos zu sein schien und nichts dagegen tun konnte.
Ich fing an, mich dafür sogar zu hassen. Ich wollte das einfach nicht mehr wissen und sehen.

Vier Monate vor meiner Trennung von meinem Mann, wurde ich von Freitag auf Samstag, über Nacht, ganz plötzlich sehr krank.
Freitagabend bin ich noch völlig beschwerdefrei schlafen gegangen. Doch am Samstag früh bin ich mit unbeschreiblich großen Schmerzen aufgewacht.
Eine Schwellung an meinem linken Schlüsselbein sorgte dafür, dass meine komplette linke Körperhälfte fast unbeweglich war.
Eine Odyssee von Arztbesuchen und einer ganzen Serie etlicher, verschiedener Untersuchungen ergaben......**NICHTS.....**
Auf keiner einzigen Röntgenaufnahme war meine Schwellung oder eine evtl. Entzündung zu erkennen. Das Blutbild war makellos. Nur die sichtbare Schwellung, mein Schmerz und meine Unbeweglichkeit wiesen darauf hin, dass mit mir irgendetwas nicht stimmen konnte.
Ich war so sehr mit mir und meinem Schmerz beschäftigt, dass mir die Veränderung meines Mannes überhaupt nicht aufgefallen ist.
Erst an Weihnachten holten meine plötzlichen Vorahnungen und die dazugehörigen Bilder mich wieder ein. Was ich am 24.12.07 in meinen Vorahnungen zu sehen bekam, wurde am 26.12.07 zu meiner Realität.
Mein (Ex-)Mann gestand mir seine Affäre und lies sich 10 Minuten, nachdem er es mir gestanden hatte, von seiner Geliebten vor unserem Haus abholen. Meine Kraft reichte gerade noch aus, um an das Erkerfenster zu gehen und die beiden vor dem Haus, in einem romantischen Winterzauber mit fallenden Schneeflocken, zu beobachten, wie die beiden sich, sichtlich erleichtert darüber, es mir gestanden zu haben, in die Arme fielen.
Wie lange ich da noch stand weiß ich heute nicht mehr.

Die Welt schien sich unter meinen Füßen einfach so aufzulösen. Ich war starr und unbeweglich. Selbst mein Verstand schien das Denken plötzlich vollkommen einzustellen. Zeit und Raum haben sich innerhalb von Sekunden in Luft aufgelöst. Dunkelheit und Bodenlosigkeit breiteten sich wie ein tiefes schwarzes Loch vor mir aus. Ein gefühlter Sturz in den Abgrund, der endlos zu sein schien. Was für ein böser Alptraum und nicht einmal ein Erwachen konnte mich von meinem Alptraum erlösen.
Diese gnadenlose Verwirrung in mir, ließ sämtliche Gefühle wie ein Tornado durch mich durch wirbeln.
Und mal ehrlich, dass ich jetzt voller Wut und Hass, Traurigkeit und Kummer war, kann man sicher verstehen.
Von all diesen befremdlichen Emotionen in mir, macht mir das Gefühl der Angst, die meiste Angst.
Angst vor der Dunkelheit. Angst vor dem Schlafen. Angst vor dem Aufwachen. Angst vor dem Tag, Angst vor den Menschen. Angst vor dem eigenen Spiegelbild. Ich war eine einzige große Angst und es schien keine Heilung für mich in Sicht zu sein. Mein Körper hatte das Bedürfnis sich aufzulösen und die Kilos purzelten nur so von mir.

Es kam mir so vor, als hätte mich irgendjemand in das offene Meer geworfen, ohne jede Schwimmhilfe und Orientierungshilfe. Und so gab es für mich nur zwei Möglichkeiten. Ich konnte mich treiben lassen und auf den Tod warten. Oder ich begann zu schwimmen. Auch wenn ich keine Ahnung hatte in welche Richtung ich denn überhaupt schwimmen sollte.

Ich zweifelte an allem was mir bisher etwas bedeutet hatte und für mich von Wertigkeit war. Ich zweifelte an den Menschen, der Liebe, der Ehrlichkeit und Wahrheit, der Ehe, überhaupt an zwischenmenschlichen Beziehungen.

Hatte ich jetzt nicht all das Recht an nichts und niemanden mehr zu glauben?

Was für ein Gott musste das sein, der mir eine Gabe schenkt, damit ich Ereignisse sehe kann, die ich dann doch nicht verhindern kann? Dass ich die Verbindungen bzw. die Aura der Menschen sehen und ich damit immer sehr vorsichtig sein musste um nicht als „verrückt" abgestempelt zu werden?
Als Kind dem ständigen Kämpfen meines Verstandes und meiner inneren Stimme ausgesetzt zu sein und damit ununterbrochen der Bedrohung eines Liebesentzuges Gefahr zu laufen.
Eine halbseitige Lähmung, bei der mir kein Arzt helfen kann und als würde das alles nicht ausreichen, ein zerrschmetterndes Geständnis meines (Ex-)Mannes am heiligsten Fest im Jahr, dem Fest der Liebe.

Wer kann mir hier meine Opferrolle übel nehmen?
Hatte ich nicht alles Recht der Welt, mich jetzt selbst zu bemitleiden?
Durfte ich jetzt nicht mit vollem Recht davon ausgehen, dass ich die A-Karte im Leben gezogen hatte?
Durfte ich nicht mit voller Überzeugung, jetzt, an einfach mal gar nichts mehr glauben? Oder mich unendlich bestraft fühlen? Ich musste doch was ganz schlimmes getan haben, dass mir das alles passiert ist?!

An diesem Punkt meines Lebens verlor ich den Sinn darin. Wären meine beiden größten Schätze, meine Kinder nicht gewesen, würde es mich vermutlich jetzt nicht mehr geben.
Ich hatte aufgegeben. Ich hatte mich aufgegeben. Der Sinn meines Lebens war die Liebe und was sollte es jetzt noch für einen Sinn geben, wenn ich diese verloren hatte?

Kapitel 2

„Wem der Himmel eine große Aufgabe zugedacht hat, dessen Herz zermürbt er erst durch Leid."
Meng Tzu

Schon oft hatte ich von anderen mitbekommen oder auch schon in Filmen sehen dürfen, dass die Wunder, die Gott für uns bereit hält, wohl genau dann zu uns kommen sollen, wenn der Mensch sich seinem Schicksal ergeben hat.
Und so geschah auch mein Wunder:

Die verwirrteste Zeit meines Lebens war angebrochen.
Ich war ein Überlebender, nach einem Schiffbruch und mutterseelenalleine trieb ich auf einem kleinen Stück Treibholz auf der offenen, rauen See umher. Nicht wissend wo ich war und in welcher Richtung sich ein Ufer befinden wird.
So kam ich mir jedenfalls vor.

Wie jeden Abend, in dieser Zeit, habe ich mich wieder mal in den Schlaf geweint, in der Hoffnung, dass auch diese Nacht ein schnelles Ende finden würde.
Doch dieses Mal war es anders. Ich kann beim besten Willen nicht sagen, ob es ein Traum war oder ob ich dabei wach gewesen bin.
Tatsache ist, dass ich die Augen geschlossen hatte, als es plötzliche ganz hell wurde. Es war nicht wie ein Licht das man anmachte und das dann das Zimmer erhellte. Es war auch nicht wie das Tageslicht. Es war heller, das hellste Licht was ich jemals gesehen hatte. Wenn überhaupt, dann ließe sich dieses Licht mit der Helligkeit eines Blitzlichts vergleichen. Dieses helle Licht war mit

einer Stille gepaart die ich so nicht beschreiben kann und die mir in dieser Art auch völlig unbekannt war. Eigentlich war ich mir sicher, dass jetzt mein letztes Stündchen geschlagen hatte, oder ich vielleicht einen Schlaganfall erlitten hatte. Doch ich konnte mich bewegen. Es war eigenartig, denn es war darüber hinaus auch noch sehr angenehm, wärmend und überaus wohltuend.
Es waren keine Stimmen die mit mir gesprochen hatten, aber ich konnte fühlen, dass ich nicht alleine war. Ich betrachte mich und meine Hände in diesem hellen Licht. Ja, ich konnte mich selbst sehen. Das Licht schien in mir bzw. aus mir heraus zu scheinen. Trotz all meiner Verwirrung fühlte ich mich so unglaublich geborgen und sicher, wie schon lange nicht mehr. Ich ließ es geschehen, fing an es zuzulassen und es sogar zu genießen. Für einen kurzen Augenblick dachte ich: „Ok, wenn so der Tod aussieht, dann bin ich jetzt bereit dazu. Dann ist das überhaupt nichts wovor ich mich fürchten muss".

Wie lange das Ganze gedauert hat, weiß ich nicht und das kann ich auch leider nicht sagen. Irgendwann muss ich jedenfalls ganz friedlich eingeschlafen sein.

In dieser Nacht hatte ich den ruhigsten und erholsamsten Schlaf, den ich jemals zuvor hatte. Beim Erwachen konnte ich mich sofort wieder daran erinnern und ich fühlte eine mir bisher unbekannte Ruhe und Gelassenheit in mir.

Warum hatte ich diese Ruhe und Gelassenheit in mir? Meine Situation war noch immer die gleiche. Nur **ich** schien irgendwie ausgetauscht worden zu sein.

Was hatte das alles nur zu bedeuten?

Auch wenn die Situation noch immer die Gleiche war, fühlte ich, nach dieser Nacht, auf einmal wieder einen Sinn in meinem Dasein.

Es mag sich merkwürdig anhören, aber ich hatte das Gefühl, dass ich ab dieser Nacht nie wieder alleine war und dieses Etwas, was mich in dieser Nacht besucht hatte, fing an mich ganz liebevoll, behutsam und sanft führen zu wollen.

Ich traf Entscheidungen, die ich mir selbst nicht erklären konnte. Ich sprach Worte, die, obwohl sie aus meinem Mund zu kommen schienen, nicht die meinen waren. Oft war ich selbst mein bester Zuhörer und einfach nur sehr neugierig auf das was ich zu sagen hatte.

Bis heute ist das so geblieben.

Der Druck in mir, auch anderen Menschen etwas von meinem Wissen mitzuteilen, ist stetig größer geworden und schon fast penetrant angestiegen.

Viele Wege führen nach Rom und so bin auch ich viele Wege gegangen um den richtigen Weg zu finden, eine größtmögliche Zuhörerschaft zu erreichen.
Und jetzt sitze ich hier und schreibe dieses Buch. Ein Buch das im Grunde genommen nicht meines ist. Deren Inhalt mir diktiert wird und ich gerade noch keinen Plan habe, was ich schreiben werde.
Wer sich mit mir jemals ganz persönlich unterhalten hat, wird wissen wovon ich spreche.

Seit nun mehr 5 Jahren drücke ich mich vor dieser Aufgabe. Doch wer auch immer (wir werden es hier das Universum und die Energiewesen nennen) dieses Buch für euch bzw. uns alle schreiben mag, in Liebe, Treue und Verbundenheit trete ich dieser Aufgabe, mit meiner vollsten Hingabe für euch alle und mir selbst, entgegen und nehme sie in großer Dankbarkeit an.

In wahrer Liebe,

eure

Sigrid

(P.s. im Nachwort kann ich beschreiben, warum alles, was mir wiederfahren ist, einen absoluten Sinn hatte und bis heute hat ☺)

Wer genau sind wir, das Universum (oder welchen Namen du für uns gewählt hast) eigentlich?

Wir sind sehr lebendige Wesen. Wir bestehen aus purer Energie. Eine Energie, die es uns möglich macht mit dir in ständiger Verbundenheit zu sein. Unsere Art uns zu bewegen, empfangt ihr durch sogenannte Schwingungen oder Vibrationen. Bemerkbar machen wir uns über eure Gefühle, Intuitionen oder auch über Impulse und evtl. Gedankenblitze.

Wir sind für euch und eure menschlichen Sinne zwar unsichtbar aber dennoch sehr deutlich fühlbar.

Wann immer ihr keine Beschreibung für eure Zustände habt, dürft ihr ganz sicher sein, dass wir das sind, die mit euch sprechen.

Wir haben ganz unterschiedliche Aufgaben, was die Betreuung und Führung eurer Seelen angeht.
Aber keine Sorge, wir tun niemals etwas was dir schaden könnte.
Wir handeln **immer** im Auftrag der wahren Liebe für dich und für alles was ist.

Wir lieben eure Musik. Wir lieben eure Schwingung des Tanzes. Wir lieben es wenn ihr euch liebt. Wir lieben es wenn ihr singt. Wir lieben es euch lachen zu sehen und zu hören.
Wenngleich wir eigentlich tatsächlich selbst nicht sehen und hören können.

Doch wenn ihr all diese Dinge tut, dann habt ihr eine ganz besonders große und hohe Anbindung an uns. Wir nehmen das alles über eure Gefühle wahr.
Man könnte sagen, dass ihr in allen euren ausgelassenen Zuständen, eure eigenen Energien so deutlich ver-

ändert und erhöht und ihr uns damit buchstäblich die Türen zu eurem Inneren öffnet. Wir fühlen uns von euch, wenn ihr euch in diesen glücklichen Zuständen befindet, geradezu eingeladen und aufgefordert von euch, an eurer Freude Teil haben zu dürfen. Und so manches Mal kommen wir in Versuchung, mal in euch zu gehen und uns damit kurz zu erlauben, mal durch eure Augen das zu sehen was ihr seht. Durch eure Ohren das zu hören was ihr hört. Über eure Hände und eure Haut das zu berühren und zu fühlen was ihr berührt und fühlt. Oder über euren Geschmackssinn das zu schmecken was ihr schmeckt.
Wir geben ganz offen zu, dass das sehr reizvoll für uns ist.
Doch wir versprechen euch, dass wir niemals etwas tun werden oder jemals getan haben, was dir in irgendeiner Form schaden könnte oder schaden wird.
Wir lieben dich, mehr als du es dir überhaupt in deiner Weltlichkeit vorstellen kannst.
Alles was wir tun oder nicht tun, geschieht immer zu deinem Besten und nur aus der reinen Liebe zu dir.

In Wahrheit waren und sind wir niemals wirklich getrennt von euch.
Wann immer ihr uns braucht und damit eure Schwingungsenergie verändert, sind wir direkt und unmittelbar bei euch.
Wir fangen eure Beschimpfungen ab und hören euch geduldig zu.
Wir vermehren eure Glückszustände und vervielfältigen diese ins Unermessliche.

Ja in Wahrheit seid ihr über eure Gefühle mit uns in ständiger Resonanz und Verbundenheit. Und alles was ihr uns von eurer Schwingungsenergie zukommen lasst, vermehren wir....denn wir wollen euch immer und zu jeder Zeit in euren selbstgewählten Zuständen beschenken.

Ja, du hast richtig verstanden..."eure **selbstgewählten Zustände"....**

Dazu bedarf es jetzt wohl einer näheren Erklärung!

Wir, deine unmittelbare Verbindung zu deiner Macht, dir alles zu wünschen und dir alles herbeizusehnen was sich in dir als eine Art Sehnsucht ausdrückt, können nicht sehen, nicht hören, nicht sprechen, nicht tasten und nicht schmecken.
Nur über deine Augen können wir sehen. Nur über deine Ohren können wir hören. Nur über deine Hände können wir tasten. Nur über deine Geschmackssinne können wir schmecken.

Unsere Zusammenarbeit besteht somit darin, dass du uns über alle deine weltlichen Sinne informierst, was genau du haben möchtest.
Alles was wir wahrnehmen sind deine Schwingungen zu deinen weltlichen Betrachtungen.
Deshalb ist es für uns von allergrößter Wichtigkeit, dass du uns ganz genau wissen lässt bzw. zeigst, was du haben möchtest. Nur dann können wir unseren Teil unserer Vereinbarung erfüllen und einhalten.

Allerdings sind eure Schwingungsenergien sehr häufig nicht im Einklang mit euren Wünschen.

Wünscht ihr euch z.B. mehr Geld...dann hat Geld (=ebenfalls reine Energie) eine hohe Schwingung. Wir jedoch bekommen von euch zum einen ein Bild geliefert auf dem zu erkennen ist, dass ihr kein Geld habt, und zum anderen kommt eine zusätzlich sehr niedrige Schwingungsenergie, die du direkt und unmittelbar an uns sendest, bei uns an.
Wir können aber nur liefern, was ihr uns, über eure Augen zeigt, bzw. in welcher Schwingung ihr euch zu diesen Bildern befindet.

Viele Klagen und Beschimpfungen (=niedrige Schwingungsenergie) kommen dann bei uns an.

Die Entscheidung für diese Bilder und Schwingungen liegen einzig und alleine aber nur bei dir.
Wir sind dein treuester Diener. Wir dürfen nichts für dich entscheiden oder geschweige denn eingreifen. Du selbst hast die Freiheit für deine Entscheidungen gewählt.
Das war ein wichtiger Bestandteil unserer Abmachung und Vereinbarung, unserer Führung, für dich…lange bevor du dich vermenschlicht hast.

Deshalb möchten wir euch wissen lassen, dass es für uns von allergrößter Bedeutung ist, welche Bilder du uns über deine Augen zeigst, und natürlich, das aller aller Wichtigste, welche Schwingungsenergie du uns, im Zusammenhang mit deinen Bildern weiterleitest.

Kannst du jetzt verstehen, warum **du** ganz alleine die Entscheidung für deine Zustände wählst? Welche Macht in deinen Gedanken, in deinen Gefühlen, in deinen Betrachtungen über deinen Zustand und auch über deine Welt liegt?

Wir sind sehr mächtig, aus allem was du denkst, fühlst, betrachtest oder ertastest, daraus für dich deine Realität zu erschaffen. Doch was du denkst, fühlst, betrachtest, ertastest oder auch schmeckst, das liegt einzig in deiner Macht, in deiner Entscheidung.

Die Wahl über deine Betrachtungen, über deine Empfindungen, über deine Wünsche und Sehnsüchte, liegt einzig und alleine bei dir.

Entscheidest du dich dafür dich glücklich, zufrieden, geliebt und gesund zu fühlen, werden wir auf direktem Wege dafür sorgen, dass du dich noch glücklicher, noch zufriedener, noch geliebter und noch gesünder fühlen wirst.

Unterstützt du deine positiven Gefühlssendungen an uns, noch zusätzlich durch die entsprechenden Bilder, die du uns über deine Augen an uns weiter gibst, erfährt dein Zustand eine sofortige Erfüllung und darüber hinaus eine Vermehrung dessen was du uns gezeigt und durch deine Schwingung bei uns bestellt hast, umgehend. Man könnte es als eine Art Power-Bestellung und Expresslieferung bezeichnen. Da ein Zusammenspiel deiner Emotionen und deiner Sinne im perfekten Einklang miteinander korrespondieren.

Wunsch und die prompte Erfüllung gehen hier buchstäblich Hand in Hand miteinander und greifen wie Zahnräder ineinander.

Wir lieben diese Art unserer Zusammenarbeit über alle Maßen. Welche unsägliche Freude bereitet es uns dir deine Wünsche detailgetreu zu erfüllen. Darüber hinaus lieben wir es dir deine Wünsche über unsere Wege erfüllen zu können. Ohne irgendwelche Vorschriften und Zwänge, welche unsere Möglichkeiten oft derart einschränken, dass es zu einer völlig unnötigen Verzögerung eurer Wunschlieferung kommt.

Ja, wir sind dein Diener, dein Gefährte, dein beständiger Begleiter, dein Freund, deine Schwester, dein Bruder, dein Vater, deine Mutter, dein Partner, dein Geleit, wie in guten so auch in bösen Tagen.
Ob du uns anerkennst und würdigst, ob du uns verleugnest und nicht wahr haben möchtest. Wir waren, sind und werden es immer sein, ein Teil von dir und deiner Selbst. Wir sind die, die dir die Fähigkeit zu lieben gegeben haben. Wir sind die, die dir die Liebe ununterbrochen zu Teil werden lassen. Wir sind von deiner ersten bis zu deiner letzten Sekunde deines Menschseins bei dir und geleiten dich in die unterschiedlichen Täler deiner Seele...wann immer du bereit für uns bist!!!

Deine Seelenplan und deine Verabredungen mit anderen Seelen:

„Ihr Leben funktioniert in dem Ausmaß, wie Sie Ihre Verspechen halten“. (Werner Erhardt)

Es gibt ein paar ganz wichtige Punkte, über die wir dich unbedingt hier in Kenntnis setzten möchten.

Jeder von euch hat einen bzw. seinen ureigenen Seelenplan.

Lass uns dir hier erklären was wir damit meinen.

Lange bevor du dich entschlossen hast am Abendteuer „Mensch werden“, „Leben in einem Körper“, teilzunehmen, hast du dich mit einem Art Vertrag, an uns verpflichtet.
Du hast diesen Vertrag absolut **freiwillig** mit uns geschlossen.

Nachdem du dir das **Spiel des Lebens** eine ganz Zeit aus unserer Perspektive betrachtet hast und die verkörperten Seelen ebenfalls, genau, wie wir es gerade bei euch tun, begleitet hast, bist du aus freien Stücken zu uns gekommen und hast uns deinen Seelenplan vorgestellt und diesen mit uns gemeinsam besprochen.

Damit wolltest du dir ein Sicherheitsnetz schaffen. Eine Art doppelter Boden für dich bereithalten.

Aus unserer Perspektive kam dir das Leben auf der Erde so simpel vor.
Die Regeln waren für dich so derart einfach, dass du deine Widergeburt kaum erwarten konntest.
Du wusstest um die Macht deiner menschlichen Sinne, gepaart mit deinen passenden Schwingungsenergien. Mit diesem Wissen kam dir die eine oder andere Beobach-

tung, einer vermenschlichten Seele und deren Kreisen, um ihre Vereinbarungen, mit uns, ab und an geradezu lächerlich vor.

Auf deinem Seelenplan war dir in allererster Linie, die passenden Verabredungen mit anderen Seelen zu vereinbaren, von allergrößter Wichtigkeit und Bedeutung gewesen.
Wann soll dir welche Seele begegnen und welche Aufgabe bzw. welche Abenteuer möchtet ihr miteinander teilen und gemeinsam erleben und erfahren.
Aus diesem Grund kamen sehr viele deiner Urbekannten-Seelen ebenfalls zu deinen Vertragsverhandlungen. Seelen, die dir bereits in deinen vorigen Leben sehr dienlich und hilfreich waren. Seelen auf die du dich absolut verlassen konntest.
So habt ihr euch z. B. für eine gemeinsame, abenteuerliche Liebesbeziehung entschieden. Darin enthalten war ebenfalls, wie lange diese Liebesbeziehung dauern sollte. Habt ihr euch für ein weltliches Ende eurer Beziehung entschieden, so war auch das Wann und das Wie ganz klar besprochen und festgelegt worden.

Und weiter ging es zur nächsten Verabredung.

Eins müsst ihr aber unbedingt wissen!

Ihr wusstet, dass die Menschen andere Menschen brauchen und als ihr euch für das Abenteuer Leben entschieden habt, war euch ebenfalls sehr klar, dass die Vermenschlichung nur ein einziges Ziel hier auf Erden hat. Und das war und ist und wird es immer sein, **die Liebe auf Erden in einem Körper zu leben, zu fühlen, zu spüren, zu schmecken, zu sehen und zu hören....**

Das war und ist und wird es immer sein, das Ziel:

– Die Liebe zu leben –

Teil 1:

So habt ihr euch also mit unzähligen, vielfältigen, verschiedenen Seelen verabredet. Nur mit dem einen Ziel, die Liebe zu finden und ihre unbeschreiblich schönen Vollkommenheit zu erleben und zu genießen.
Jede Seele hatte dabei seine ganz eigene Version der Liebe und einer vermenschlichten Beziehung und hat von seinem Geburtsrecht, seinen eigenen Willen zu leben, bei der Vereinbarung, bereits Gebrauch davon gemacht.

Doch wenn WIR hier von Liebe sprechen, dann ist nicht in allererster Linie die Liebe, wie ihr sie zu interpretieren versteht, gemeint.

Es ist uns, genau wie dir, während deiner Verhandlungen mit den anderen Seelen und uns, von größter Wichtigkeit und Bedeutung gewesen, dass mit deiner Menschwerdung, die Suche nach der Liebe zu dir selbst oberste Priorität hatte und immer haben wird.
Sehr viele Leben hast du bereits mit der Suche nach der Eigenliebe zu dir gelebt.
Es ist dir mal gut und mal etwas weniger gut gelungen und in einigen Leben davon überhaupt nicht.
Dir war mehr als nur bewusst, dass du ein Energiewesen bist. Das du die Liebe in ihrer Reinheit selbst bist und somit die Liebe in jeder Zelle in dir trägst, die jenseits deiner menschlichen Vorstellung liegt. Genau dieses Abenteuer, die Liebe in dir selbst zu entdecken, deine Macht um deine Energien der Liebe zur erkennen, für alles was ist, dich dann erst vollkommen sein lässt war, ist und wird in jedem Leben deine Aufgabe sein.

Bei euren Seelenverabredungen mit euren unzähligen Zwillingsseelen, Dualseelen, Seelenpartnern und Seelenhelfern, ging es immer und immer in allererster Linie um das Entdecken, Erkennen, Verinnerlichen und Leben der reinen und wahren **Selbstliebe**.

Erst in zweiter Linie kamen dann eure zwischenmenschlichen Beziehungen und das Leben, Fühlen, Schmecken, Spüren und Ertasten dieser, ebenfalls vollkommenen, reinen Ekstase der Liebe in euren Körpern zu erleben, zum Tragen.

Das ist der Grund, warum die Liebe, so wie ihr sie definiert und lebt, sehr häufig mit Schmerz und Kummer begleitet wird.

Ihr seid so sehr bemüht ein Feuer im Außen zu entfachen und am Brennen zu halten, ohne dabei das eigene Feuer, das immer in euch brennt und mit allem was ist verbunden ist, in euch zu erkennen und dieses lebendig und groß werden zu lassen.
Sehr viele Verabredungen und die damit vereinbarten Erfahrungen mit anderen Seelen, dienen einzig und alleine dem Finden eurer Entstehung, der Verbindung mit uns und dem verinnerlichen der Selbstliebe. Eine einzig Aufgabe, die ihr euch selbst gegeben habt, um das „Spiel des Lebens“ zu spielen ist, dies zu erkennen, dass auch ihr reine Energiewesen seid, vollkommen und voller Liebe.

Deshalb sind eure Seelenverabredungen, mit euren Seelenpartnern nicht immer leicht und einfach gestaltet...sie ziehen sich manchmal wieder zurück, sie verlassen euch sogar. All das tun sie in Liebe, um euch Zeit für eure Suche nach euch selbst zu schenken.
Jede Distanz, jede Trennung ist immer ein Geschenk an euch. Und erst wenn ihr unsere Liebe für euch und in euch entdeckt und gefunden habt und diese bedingungslos annehmen und leben könnt, wird ebenfalls die weltliche Liebe zwischen euch, in ihrer Vollkommenheit, möglich sein.

Teil 2:

Um euer Abenteuer Leben aber weiterhin so spannend und aufregend wie nur möglich zu leben, habt ihr in zweiter Stufe, Talente und Gaben für euch erwählt und vorgesehen.
Stellt es euch als eine Art Koffer vor.
Ihr habt einen Koffer mit reichlich Talenten und besonderen Begabungen für euch vorbereitet.
Sicher habt ihr euch schon mal gefragt, warum so mancher Mensch mit einer so göttlichen Stimme gesegnet worden ist.
Ja, er hat sich für ein Leben als Sänger entschieden und hat sich in seinen Koffer diese Stimme mit eingepackt und sie mitgebracht.

Jeder von euch besitzt so einen Koffer, in dem seine Talente und außergewöhnlichen Begabungen schlummern.
Jeder von euch hat sich in einer Präzision, zeitlich und räumlich perfekt aufeinander abgestimmt, die Umsetzung seiner Talente und Begabungen bereitgelegt.
Ihr wusstet, dass ihr alles erreichen und haben könnt, was ihr nur wollt, solange es in eurem Koffer / Seelenplan für euch vereinbart ist.

Nichts geschieht aus purem Zufall.
Ein Zufall gibt es nicht. Ihr selbst seid für eure Seelenverabredungen, euren Seelenplan/Seelenvertrag verantwortlich.
Keiner von euch hat sich hier während eures Lebens auch nur im Geringsten etwas Schlechtes oder Unerträgliches vorbereitet oder mit eingepackt.
Sicherlich haben sich die ein oder anderen von euch, aus purer Liebe zu einer anderen Seele, auch für Ereignisse einverstanden erklärt, welche für den ein oder andern Menschen in seinem Unglauben an die Unendlichkeit, an die Verbindung durch die Liebe, zu allem was sichtbar und nicht sichtbar ist, nicht nachvollziehbar sind.

So haben Kinderseelen sich einverstanden erklärt, sich von Pfarrern vergewaltigen zu lassen und weitere Seelen, waren einverstanden, ein Täter zu sein. Dies alles um auf Missstände und Qualen vieler Seelen, die unter dem Zölibat leiden, aufmerksam zu machen.

Wie sonst sollten wir Energiewesen, deren einzige Religion die Liebe zu allem was ist, ist, euch darauf aufmerksam machen können, dass Religion eine rein weltliche Erfindung ist.
Deren Ursprung ein guter Gedanke, ebenfalls mit der Umsetzung der Liebe zu allem was ist, war. Doch im Laufe der Jahre wurde diese Form der Liebe in Gewalt, Macht und Vernichtung umgewandelt.
Viele Versuche euch in die reine und religionsfreie Liebe zu führen, sind gescheitert. Gehör bekamen wir erst, durch eine Opferung freiwilliger Seelen. Erst dann wurden das Zölibat und die Religionen, generationsübergreifend, zumindest diskutiert.

So sprechen wir über Zeichen und Ereignisse ununterbrochen mit euch.

Unser Bemühen ist es, dich an deine Vereinbarungen und an dein Ziel, deine Selbstliebe zu finden und all das zu leben was du dir an Talent und Begabung mitgebracht hast, zu erinnern.

So kannst du nicht alles haben was du dir wünschst. Es sei denn es ist auf deinem Seelenplan für dich geschrieben und festgehalten.

Alles was geschieht, geschieht immer aus reiner Liebe zu dir.

Nur wenige erkennen unsere Botschaften und Zeichen.

Dir unsere Sprache der Zeichen, die wir dir ununterbrochen zukommen lassen, näher zu bringen, ist dieses Buch für euch gewidmet.

Doch bevor du deine Reise in die Menschwerdung angetreten hast, hattest du dich damit einverstanden erklärt, dass du all diese Informationen, Vereinbarungen und Erfahrungen aus unserer Dimension und aus deinen anderen Leben, nicht verwenden darfst und kannst. Du hast dich mit dem Vergessen von allem was ist einverstanden erklärt.

Deine abenteuerliche Suche dich, uns und den wahren Grund des Menschseins zu finden, zu entdecken und zu erfahren, durfte beginnen.
Und so hast du dich voller Vorfreude und unbändigem Tatendrang, dem Abendteuer Leben entgegengeworfen.

Ankündigung der Sprache, Zeichen und Übersetzung des Universums:

In den folgenden Kapiteln werden wir dir die Wahrheit über bestimmte Zusammenhänge näher bringen.

Du sollst wissen, dass wir dich über alles lieben und was immer geschieht, du bist niemals von uns verlassen worden.
„Wenn das Aushalten deines Zustands unerträglich für dich schien und eine Lösung oder ein Weiterschreiten in für dich unerreichbare Ferne gewichen ist, wirst du von uns sogar getragen. Denn unsere Liebe zu dir stellt keine Fragen und keine Bedingungen!!!“

Die „weltliche LIEBE“ ist ein seltsames Spiel!!!

Gesegnet seid ihr menschlichen Energiewesen, denn ihr habt von Geburt an die Liebe in euch.
Niemand muss euch die Liebe lernen oder beibringen.
Ihr werdet Mensch und könnt von diesem Moment an lieben!!!
Eure weltlichen Regeln machen die Liebe erst kompliziert. Regeln, die an Ansprüche, Bedingungen und Erwartungen geknüpft sind.
Schon mit der Geburt werdet ihr mit euren Regeln konfrontiert. Ihr habt diesen Regeln, sprich diesem Kind, den Namen „Erziehung“ gegeben. Und so lernt ihr schon sehr sehr früh, dass euch die Liebe auch entzogen werden kann. Dass man für die Liebe einiges tun muss. Dass man die Liebe nicht einfach geschenkt bekommt.
Verknüpft ist das Bekommen von Liebe in erster Line überwiegend mit eurem Verhalten.
Das ist sehr fatal!!!
Liebe ist eine reine Energie...die höchste und reinste Energie die es auf eurem Planeten Erde überhaupt gibt.
Sie dient und sorgt für euer Überleben, ganz genau wie es
der Sauerstoff, die Sonne, das Wasser und eure Nahrung tun.
Als ihr noch bei uns, ein Teil unserer Energie wart, musstet ihr euch darüber keine Gedanken machen. Denn ihr bestandet zu 100 % aus dieser reinen, wahren Energie. Hier seid ihr die Liebe selbst gewesen.
Mit großem Bedacht habt ihr, in eurer Vorbereitung auf eure Menschwerdung, sehr gut gewählte Seelenverabredungen getroffen. Nur so war euer Überleben gewährleistet und gesichert.
Mit einem Liebesentzug war nicht unbedingt zu rechnen. Viel zu sicher seid ihr euch alle gewesen, dass die Liebe zu euch und zu allem was ist, im Überfluss vorhanden sein würde.

Doch wie irritierend muss es für euch dann gewesen sein, in eine Welt, sprich, in ein Leben voller Regeln, Erwartungen und Bedingungen zu inkarnieren.
Als Säuglinge, Babys und Kleinkinder habt ihr nach der euch zustehenden Liebe nicht gebeten oder darum gebettelt. Ihr habt sie vehement eingefordert. Zu eurer Überraschung aber, habt ihr die Liebe nicht immer in dem Maße bekommen, wie ihr sie gewollt oder gebraucht hättet. Denn diese/eure weltliche Erziehung sah die Liebe in gut dosierten und nur selbstgerechten Portionen für euch vor. Und so konnte es vorkommen, dass euer Weinen nach der Liebe von euren Seelenverwandten auch mal ignoriert worden ist und ihr hungrig und dürstend nach der Liebe und der Nähe, die ihr so sehr benötigt hättet, zurück geblieben seid.
Oder während eures Heranwachsens und mit der Zunahme eurer Fähigkeiten und eurer Neugierde für die Welt, das Leben und die Menschen, musstet ihr sehr verwundert feststellen, dass bestimmte Verhaltensweisen nicht mit der gewünschten Liebe für euch belohnt wurde. Und so machtet ihr, zum allerersten Mal in diesem/euren Menschsein, Bekanntschaft mit Beschimpfungen, Bestrafungen oder sogar mit der Isolation von euren Familienseelen.
Auch schien die Zeit hier eine sehr bedeutende Rolle zu spielen...Zeit, was auch immer damit gemeint war, war für euch Neuankömmlinge einfach noch nicht einzuordnen und zu erfassen.
Da ihr hier auf Erden noch ganz frische Seelen gewesen seid, war mit all dieser Erziehung, den Regeln, den Erwartungen und den vielen verschiedenen Bedingungen, tatsächlich, für euch gefühlt, euer Überleben für Augenblicke und Momente bedroht. Und so musstet ihr ein für euch völlig befremdliches Gefühl in euch wahrnehmen....das Gefühl der Angst!!!
Zunehmend zögerlicher mit der Forderung der euch zustehenden Liebe, seid ihr mehr und mehr in die Stille und in die Anpassung, dieser Regeln gegangen. Dies tatet ihr

nicht aus freien Stücken oder dass für euch ein Grund oder ein Sinn darin erkennbar gewesen wäre. Ihr wolltet ganz einfach nur überleben und ohne die Liebe der anderen Seelen, wäre das nicht möglich gewesen. Und um diese Liebe, wenn auch portioniert und gut dosiert, ab und an zu erhalten, lerntet ihr, dass man sich die Liebe auf Erden wahrhaftig verdienen musste und dass man die Liebe und Nähe nur bekommen würde, wenn man sich ein ganz bestimmtes Verhalten aneignete.
Dazu gehörte auch eure eigene Stimme, die euch so unendlich viel Freude bereitet hatte, nicht zu erheben, nicht zu weinen, nicht zu jammern, nicht in den Nächten einzusetzen, usw...
Mit euren kleinen Fingern nicht mit den Speisen oder den Getränke zu spielen. Nicht in die Nase oder in den Mund zu stecken, sich mit Erde oder Dreck nicht schmutzig zu machen.
Eure Augen zu ganz bestimmten Zeiten zu schließen und zu öffnen...
Den Hunger nach Nahrung nur in vorgegebenen Rhythmen zu stillen...
Die Zeit für das Lachen und das Singen, das Tanzen und das Freuen, schien ebenfalls irgendeiner, nicht erkennbarer Ordnung zu unterliegen....
Und so waren eure ersten Jahre als Mensch sehr verwirrende Jahre. Es waren die Jahre eurer Anpassung.
Die mitgebrachten, reinen Energien der Liebe, der Freude, der Geborgenheit, der Sicherheit, des Vertrauens, des Wohlfühlens, der Verbundenheit, der Selbstlosigkeit, waren und sind eure Basics. Erlernen durftet ihr dann die Gefühle von Angst, Zurückweisung, von Einsamkeit, von Ungerechtigkeit, von Machtlosigkeit, von Bedrohung, von Bewertung, Verurteilung, Neid/Eifersucht, Gier, Selbstsucht, Unsicherheit, Lieblosigkeit, Trennung, Schmerz, Wut, Hass und viele andere unzählige niedrige, dunkle, schwerschwingende Energien.
Ab da musste sich die helle, leichte, reine Energie der Liebe den vorhandenen Raum mit der dunklen, niedri-

gen, langsamen, schweren Energie der Befürchtungen, teilen.
Doch bitte bedenke, dass all diese Energien immer dein Kontakt und deine Verbindung mit uns sind.
Wir empfangen die Energie, die du uns sendest und vervielfältigen, was wir empfangen.
Eine Entscheidung, welche dieser Schwingungsenergien du uns sendest, treffen nicht wir! Das dürfen wir überhaupt nicht! Wir werden dir dann deine gesendeten Schwingungsenergien, in Form von Erfahrungen oder Erlebnissen, hochpotenzieren und dich damit beschenken. Diese Entscheidung liegt ganz alleine bei euch. Ihr alleine besitzt die Macht euch für die gewünschte Energie und damit für die gewünschten Erlebnisse und Erfahrungen zu entscheiden.
Es obliegt ganz alleine in deiner Macht...sendest du uns die Liebe, senden wir dir die Liebe hoch 100 zurück. Schöner und besser als du es dir in deinem menschlichen Dasein kaum vorstellen kannst.
Sendest du uns deine Wut, deinen Ärger, deine Angst...unterstützen wir selbstverständlich auch diese Energien mit hoch 100 und du bekommst auch das in deinem Leben als Realität präsentiert.
Euer Leben wird immer der Spiegel eurer gesendeten Energien sein.
So verlangt es das Gesetzt der Anziehung und das Gesetzt des Universums.
Euch ist dieses Gesetzt vielleicht besser bekannt als:
Was du säst wirst (musst) du ernten.
Und das ist der Grund für euren gut überlegten und perfekt abgestimmten Seelenplan.
Die reine Willkür eurer Energien würde euch sonst sehr unkontrolliert überfallen und übermannen.
Es wären sonst die weltlich erlernten Programme, sprich, eure Gesetze und eure Erziehung, eure Regeln, euer Kontrollzwang, eure Machtbesessenheit, eure Gier, die zum Herrscher eures Lebens werden würden.

Damit würde die Intuition, die Kreativität, das Handeln aus dem Bauch heraus oder dem Impuls entsprechend, dem Tode geweiht sein.
Es gäbe keine Erfinder, Entdecker, Künstler, Musiker, Schauspieler uvm..
Die Welt und die Menschen kämen einer Herde Schafe gleich. Und sie würden bedingungslos und ohne Rücksicht, ungeachtet ihrer eigenen Gefühle, dem Schafhirten folgen, der ihnen am meisten Angst macht oder ihnen am meisten verspricht.
Eure mitgebrachten Basisenergien, lassen euch Mitgefühl und Liebe empfinden. Lassen euch großzügig und gutmütig sein. Erlauben es euch anderen mehr zu geben als ihr selbst bekommt. Knüpfen das Geben nicht an einen Ausgleich oder an eine Erwartung des Bekommens. Es sind diese Energien, die euch auch den Mut für eure Seelenverbindungen, Verabredungen und Liebesbeziehungen, schenken.
Diese Basisenergien lassen euch Dinge wissen, die ihr unmöglich aus diesem eurem Leben wissen könnt. Rufen Vorahnungen in euch wach, denen ihr folgen müsst, ohne zu wissen warum. Vorahnungen, die so stark und übermenschlich sind, dass es euch schmerzen bereiten würde, wenn ihr dieser eurer inneren Stimme nicht folgen würdet.
Es sind die direkt gesendeten Impulse eures Seelenplans. Sie zwingen euch dazu euren Gaben und Talenten nachzugehen.
Wir kontrollieren und überwachen lediglich eure Impulse und sorgen unter allen Umständen dafür, dass ihr den Weg in eure Basisenergien immer und immer wieder findet. Den Weg in die wahre, reine, helle Energie der Liebe zu allem was ist.
Damit versprechen wir euch eine Sicherheit, eine Geborgenheit, ein Vertrauen und einen unerschütterlichen Glauben an das, was ihr mit euren menschlich eingeschränkten Sinnen nicht sehen, nicht anfassen, nicht riechen, nicht schmecken oder erfassen könnt.

Einst hattet ihr all dieses Wissen darüber.
Doch das Abendteuer Leben verlangte das Vergessen über eure angesammelte Weisheit, in unzähligen vielen Leben.
Die Suche nach der Vollkommenheit, der Liebe in euch und damit zu allem was ist, war und ist euer Abendteuer......
Die Erziehung, die weltlichen Regeln, die Religion, die Politik, schlicht die angestrebte Machtbesessenheit ist es was eure weltliche Daseinsform so ungeheuer kompliziert machen.
Irgendwann hat irgendjemand mal all diese Regeln festgelegt und ohne diese selbst zu überdenken oder evtl. auch anzuzweifeln, werden diese Regeln von euch gelebt und weitergegeben.
Menschen die sich dieser breiten Masse nicht anschließen möchten, gelten als exotisch, komisch, dumm, anders....als Außenseiter. Und damit werden sich erneut die Angst und die Unsicherheit bei diesen Menschen einschleichen. Einzig ihr unerschütterlicher Glaube an uns und an eine höhere Macht bzw. Kraft, lässt sie stark und beständig sein.
Doch wer an uns, unsere bedingungslose Liebe zu euch und zu seinem höheres Selbst glaubt, wird unbesiegbar sein.
Damit bedient ihr euch der Energien aller sterblichen und unsterblichen Energiewesen.
Wir sind das Universum und kennen dich und deinen Seelenplan. Für die Umsetzung deines Seelenplans vereinen wir uns miteinander, sowohl mit den Seelenwesen in unserer Daseinsform, als auch mit den Seelenwesen in der vermenschlichten Daseinsform. Denn zu keinem Zeitpunkt hat jemals eine Trennung in irgendeiner Form stattgefunden. Eine Trennung ist schlicht und ergreifend unmöglich, da wir alle über unsere Gedanken und Gefühle immer und zu jeder Zeit verbunden sind.
Erkennen kannst du uns und wirst du uns immer an deinem Gefühl der Liebe....

Ein Gefühl der Sicherheit, der Geborgenheit, des Vertrauens, deiner inneren Ruhe und Gelassenheit, deiner Zufriedenheit, einem Gefühl des unbeschreiblichen Glücks und der vollkommenen Harmonie, des Lachens, des Singens, des Tanzens.......das Alles sind wir und es kommt von uns zu dir und durch dich in die Welt hinaus.
Alle anderen Gefühle hast du dir im Laufe deines Lebens tatsächlich antrainiert.

Deshalb bitten wir dich, ja wir flehen dich an: „Gib den

Glauben an die Liebe niemals und zu keinem Zeitpunkt,

für dich auf!!!"

Den Glauben an die Liebe leben und uneingeschränkt dazu stehen.

Bei all euren erlernten Gefühlen, sei es durch erlebte Erfahrungen oder antrainierten Strukturen und den Gefühlen der Liebe, die ihr durch uns und mit uns lebt, ist es manchmal nicht sehr verwunderlich, dass sich eine gewisse Unsicherheit in euch ausbreitet.
Und hier stellt sich für sehr viele von euch immer und immer wieder ein und die gleiche Frage: „Wann soll ich denn an die Liebe glauben und ab wann mache ich mich lächerlich weiterhin an dem Glauben für die wahre Liebe festzuhalten?"
Oder:
„Wenn alles nur aus der Liebe zu mir und zu allem was ist geschieht, wie kann ich bei dem was mir widerfahren ist überhaupt noch an die Liebe oder an eine höhere Energie glauben?"
So erscheinen euch eure Erfahrungen oder Erlebnisse doch manchmal so derart grausam und in keiner Weise mit dem Gefühl der Liebe oder auch nur mit irgendeinem erkennbaren Sinn darin, verbunden zu sein.

Unsere Antwort:

Wir bitten dich zu überprüfen, bei deinen Erfahrungen und Erlebnissen, welche der Energien und damit welche Gefühle, daran beteiligt waren?
Handelte es sich nicht in den allermeisten Fällen um Ereignisse und Erlebnisse, die mit euren erlernten oder antrainierten Gefühlen bzw. Energien, einhergingen?
Wie oft steht euch eure Angst im Wege?
Wie oft steht euch euer Neid oder eure Eifersucht im Wege?
Wie oft steht euch eure Gier oder eure Machtbesessenheit im Wege?

Wie oft steht euch eure Ungeduld oder eure Zeiteinteilung im Wege?
Wie oft sind eure Erlebnisse und Erfahrungen auf Grund einer dieser schweren, niedrigen oder dunklen Energien, der weltlich-menschlich erfundenen Struktur oder eurem Regelkatalog, entsprungen?
Wie oft hast du an etwas oder jemandem festgehalten, was einzig deinem Bedürfnis und "deinem" Wunsch entsprungen ist?
Wie oft hat dein Ziel nicht zum Wohle aller Beteiligten gedient und hatte einen rein egoistischen Hintergrund?

Würde die bedingungslose, reine, wahre Liebe, ohne Erwartung oder Forderung, dies alles wirklich überhaupt geschehen lassen können?
Wann seid ihr es und sorgt durch eure niedrigen Energien für all diese Erfahrungen? Und wann sind wir es die euch bestimmte Erfahrungen bringen?
Was ist es was ihr wirklich wollt?
Wonach sucht ihr in eurem Erdendasein eigentlich?
Was sind eure größten Herzenswüsche?
Wonach sehnt ihr euch am allermeisten?
Es wird auf diese Fragen immer und immer nur eine Antwort geben.....
Es ist und bleibt die *LIEBE*!!!
Was für einen Sinn hätte euer Dasein ohne die Liebe?
Ist es nicht wahrhaftig einzig die Liebe, die euch zu übermenschlichen Taten beflügelt?
Ist es nicht wahrhaftig einzig die Liebe, die euch eine übermenschliche Kraft oder einen übermenschlichen Willen verleiht?
So entwickelt eine Mutter ungeahnte Kräfte und wird mit ihrer Energie der Liebe ein ganzes Auto alleine anheben können, wenn ihr Kind unter diesem Auto liegt....durch den Glauben an die Liebe!
So heilen die Menschen (aus eurer Sicht) unheilbare Krankheiten und werden wieder gesund....durch den Glauben an die Liebe!

So weiß die Ehefrau, dass ihr Mann, der vor Jahren in den Krieg gezogen ist, immer noch lebt und wieder zurückkommen wird....durch den Glauben an die Liebe!
Nur so finden sich all die miteinander verabredeten Seelen für ihre vorgesehenen Beziehungen...durch den Glauben an die Liebe!
Nur so können die Erfinderseelen Erfindungen und Entdeckungen machen...durch den Glauben an die Liebe!
Nur so können Musiker, Sänger, Künstler uvm. euch diese wunderbare Gabe und ihr Talent schenken.....durch den Glauben an die Liebe!
Nur so können Verletzungen oder Enttäuschungen, die euch widerfahren sind, wieder heilen....durch den Glauben an die Liebe!
Nur so kann ein Verzeihen und ein Vergeben stattfinden und gelebt werden...durch den Glauben an die Liebe!
Nur so können Entschuldigungen und die Bitte um Vergebung ausgesprochen werden....durch den Glauben an die Liebe!
Wieviel Sinn würde es also tatsachlich machen sich der Liebe und dem Glauben an die Liebe zu entsagen?

Die Liebe zu leben und an sie uneingeschränkt zu glauben, braucht Mut und den tiefen Glauben daran.

Nehmen wir jetzt einmal eine klassische Szene aus eurem Erdenleben...die Liebe zweier Menschen zueinander.
Zwei Seelen, die füreinander bestimmt sind und sich für eine Liebesbeziehung verabredet haben.
Bei solchen Verabredungen findet immer eine Art magischer Augenblick statt. Die Seelen erkennen sich über die Augen und damit einem flüchtigen Blick in ihre Seelen wieder. Alles scheint geradezu perfekt zu sein. Das Gefühl der Vertrautheit, Verbundenheit und der unbeschreiblichen Liebe, breitet sich binnen Sekunden über euren gesamten physischen Körper aus. Eine Art von Magie oder Zauber scheint euch ergriffen zu haben. All die weltlichen Gesetze der z.B. Schwerkraft, des Hungers, des Verstandes, scheinen plötzlich außer Kraft getreten zu sein. Dafür sind die Farben der Natur, der Sonnenstrahlen, des Regenbogens, der Schmetterlinge, um einiges intensiver. Der Gesang der Vögel, die Musik im Radio, das Rauschen eines Baches oder Meere sind um einiges deutlicher Wahrnehmbar. Selbst der Körper, die Haut und eure Ausstrahlung befinden sich in einer Art Vibration und Magie, die euch magisch anziehend erscheinen lässt. Mit keinem eurer Worte lässt sich dieser Zustand der Liebe beschreiben, geschweige denn anhalten oder abstellen.
Alles beginnt und folgt jetzt unaufgefordert dem Ruf eures Herzens, der Seele, der Liebe, eurem Seelenplan.
Damit ist eure Verbindung, die schon immer Bestand hatte, selbst dann als ihr euch in diesem augenblicklichen Leben noch nicht gekannt habt, geladen worden und da alles miteinander verbunden ist und zugleich untrennbar voneinander ist, hat diese Verbindung für immer und ewig Bestand.

Das bedeutet aber keinenfalls, dass diese Verbindung auf der weltlich gelebten Beziehungsebene, auch tatsächlich für immer und ewig gelebt werden darf, soll, muss oder wird!
Entsprechend eurer Übereinkunft, die auf eurem Seelenplan festgehalten worden ist, kann so manche Seelenverbindung auch nur ein Wegbegleiter sein oder auch ein Seelenhelfer. Welcher dann den Platz wieder freigeben wird, um einer weiteren Seelenverabredung Raum für neue Erfahrungen zu geben.
Doch, und genau daran erkennt man den Unterschied. Denn diese Arten von Seelenverbindungen werden immer, wenn die gemeinsamen Aufgaben beendet sind, sehr harmonisch und friedlich wieder voneinander gelöst.
Sollte aber einer der beiden immer noch weiter an dieser Verbindung festhalten, und es ist ganz klar ein starkes Gefühl der Liebe oder der Sehnsucht daran gekoppelt, dann handelt es sich um eine Lernaufgabe, die einer von beiden oder evtl. beide zu lernen haben. Und nicht selten gehen die Seelengefährten dann wieder, jeder für sich, erstmal seine eigenen Wege. Eine zeitliche und räumliche Trennung ist bei Lernaufgaben die noch gelernt werden müssen, in den überwiegenden Verbindungen unumgänglich.
Einer der beiden zieht sich dann zurück oder meldet sich plötzlich über einen längeren Zeitraum nicht mehr.
Aus dem Mangel an Vertrauen und dem Glauben an eure Liebesgefühle und der fortwährenden Verbundenheit mit dem Seelenpartner können solche (augenscheinlichen) Trennungen, die reinsten Folter- und Höllenqualen sein.
Leider ist meist mit diesem Gefühl der Folter oder der Qualen, der Abstieg und der Tiefgang der eigenen Energien vorherbestimmt. Unkontrolliert beginnen sich dann die weltlich erlernten und antrainierten Energien in euch freizusetzen und euch zu dominieren.
Dort wo sich einst die helle und leichte Energie der Liebe ausgebreitet hatte, versucht jetzt die anerzogene, dunkle Energie, den Platz einzunehmen.

Hass, Wut, Trauer, Selbstmitleid, große Selbstzweifel und sogar die, aus der Vergangenheit bekannte, Überlebensangst scheint alle eure Systeme zu überschwemmen und beginnt, unbewusst, schleichend und heimlich, still und leise, die Herrschaft eurer Existenz zu übernehmen.
Keine Seele möchte sich lange von diesem Leid, dieser Wut oder dieser Angst vor der Liebe und dem damit einhergehenden Unglauben an die Liebe, beherrschen lassen. Und deshalb beschließt ihr einfach nicht mehr an diese Verbindung oder an diese Liebe zu glauben. Sämtliche weltliche Strategien werden aus dem Hut gezaubert, ausprobiert und angewandt.
Man beginnt damit, sich für „dumm" zu erklären. Dumm genug um doch jedes Mal aufs Neue, auf die Liebe reinzufallen. Dumm genug, um jedes Mal aufs Neu einer anderen Seele wieder vertraut zu haben.
Nichts ahnend und wissend, dass sich dahinter eine Lernaufgabe befindet!
Ihr beginnt dann damit, schon fast mit Gewalt, diese Verbindung zu zerstören und aus eurem Leben und somit aus eurem Herzen und eurer Seele zu verbannen. Unvorstellbar grausam ist dieser Akt der Verbannung für euer Herz und eure Seele. Mit diesem Gewaltakt, bestehende Energien vernichten zu wollen, werden Schmerz, Leid und Qual euren Körper heimsuchen. Ihr habt diesem Prozess den Namen „Liebeskummer" gegeben.
Wie bereits erwähnt, wenn der gemeinsame Weg zu Ende ist, wird sich diese/eure Verbindung leicht lösen lassen. Doch wenn in dir eine Art Gewissheit und auch Sehnsucht schlummert, dass es hier eine Fortsetzung geben wird, darfst du dich bitte unter keinen Umständen, von dieser Liebesenergie abschneiden.
Mit dem Versuch, dich von dieser Verbindung freisprechen zu wollen, sendet ihr uns ständig eure erlernten, niedrigen, dunklen und schweren Energien zu.

Uns bleibt in so einem Falle nichts weiter übrig, als dich mit deinen Mangelenergien, die bei uns eintreffen, zusätzlich potenziert zu beliefern.
Über eure Sinne bekommen wir außerdem noch die Leere und eure Einsamkeit gezeigt.
Wir, die wir euch und euer Verhalten und eure Entscheidung für eure gewählte Energie nicht im geringsten Beeinflussen dürfen oder auch könnten, werden zunehmend mehr von euch abgeschnitten und in eine Art "Standby"-Zustand verbannt.
Wütend und ohnmächtig hört ihr jetzt auch auf, an uns zu glauben. Damit schließt ihr jetzt die Türe zu uns, von eurer Seite aus.
Wir, die wir dich immer und zu jeder Zeit uneingeschränkt und bedingungslos lieben, werden dich niemals verlassen. Wir halten unsere Verbindung mehr denn je, ganz besonders intensiv, jetzt zu dir sehr innig aufrecht.
Euer Unglaube, eure Wut, euren Hass, eure Trauer, euer Selbstmitleid schließt euch in eine Art Vakuum ein. Wir beginnen, euch zu tragen und zu schützen. Eine Sensibilitätsprüfung findet satt. Damit befinden sich eure Sinne und eure Wahrnehmung für euch, euren Körper und eure Gefühle, in einer Erweiterung und werden durch gesendete Vorahnungen von uns bereichert.
Zu jeder nur uns bietenden Möglichkeit, Gelegenheit und Situation, schicken wir dir unaufgefordert deutliche Zeichen und Botschaften.
Zeichen und Botschaften, die immer mit dir und deiner Lernaufgabe zu tun haben. Wir schicken dir Seelenhelfer, die dir passend zu deiner Situation die richtigen Sätze übermitteln. Wir führen dich an die richtigen Orte für die entsprechend hilfreichen Begegnungen. Selbst über bestimmte Liedtexte oder selbst die entsprechenden Bücher, Zeitungen, Zeitschriften, uvm. bekommst du hilfreiche Botschaften und wegführende Zeichen zugetragen.
All unsere Zeichen, Botschaften und gesendeten Vorahnungen, sollen dir dienlich sein und dich auf deinem Weg

deiner Rückführung in den tiefen Glauben an die Liebe unterstützen und deinen schweren Weg abkürzen.

Doch es kann auch sein, dass es sich nicht immer um deine Lernaufgabe handelt. Unter Umständen sind es auch Zeichen und Botschaften, die dir einiges über deinen Seelenpartner verraten sollen. Informationen, die dir eine Zuversicht schenken möchten und dir damit mitteilen wollen, dass du weiterhin an diese Verbindung und an diese Liebe zu deinem Seelengefährten glauben sollst.
Da wir jeder Seele die Zeit für das Erlernen seiner Lernaufgabe geben werden, ist die Dauer eine nicht vorherbestimmte Größe.
Zeit und Raum ist ebenfalls eine Erfindung der physischen Welt.
Für uns zählt eure Vereinbarung miteinander auf eurem Seelenplan und um uns daran halten zu können, sorgen wir bedingt, soweit es in unserer Macht steht, immer für den kürzesten Weg eurer Zusammenkunft.
Doch die Grundvoraussetzung ist es, dass ihr an eure Gefühle und an eure Verbindung und an eure Liebe glaubt.
Ohne diesen, euren Glauben an eure Liebe, sind wir schon fast machtlos. Wenn gleich ein Aufgeben für uns niemals zur Option steht.
Je schneller ihr in eure Liebe und in eure Leichtigkeit und in euer Vertrauen und in euren Glauben zurück findet, desto schneller, leichter und einfacher können wir euch eure Wünsche, Sehnsüchte nach eurer Liebe erfüllen.
Deshalb fordern wir euch auf....nein, wir bitten euch inständig....mehr noch, wir flehen euch sogar an: unternehmt alles, wirklich alles was nötig ist, um euch so schnell als möglich wieder in euer Gleichgewicht und damit in eure hellen, leichten und hohen Energien zu bringen.
Bereits der kleinste Erfolg, und sei es auch nur für einen kurzen Augenblick, ermöglicht uns umgehend, diese,

deine leichten, hellen und schnellen Energien, die du uns gesendet hast, sofort zu vervielfältigen und unvorstellbar zu potenzieren.
Aus deinen Basisenergien können wir schöpfen. Und sollten diese dann auch noch mit den entsprechenden Übertragungen über eurer Sinne erfolgen, beginnt ihr endlich wieder eure mit uns vereinte Macht, zu nutzen und sie für euch zurück zu gewinnen.
Je häufiger und konstanter es euch gelingt, in eure Basisenergien einzutauchen, desto größer, stärker, intensiver und dauerhafter ist euer ganz persönlicher Gewinn darin enthalten.
Beschützt eure Liebesenergien, wie ihr eure Kinder und eure Familienseelen beschützt. Hütet diese wie einen Schatz, welcher jedem gezeigt werden darf und an dem sich ebenso jeder daran laben darf. Eure kostbaren Liebesenergien, welche unter keinen Umständen geraubt oder gar ein Dasein in Dunkelheit und Isolation fristen sollten.
Damit seid auch ihr in der machtvollen Lage, euren Mitseelen etwas zu geben und sogar bedingungslos zu schenken, ohne dass euer Schatz auch nur ein Gramm an Wert und Beständigkeit verliert.
Das Gegenteil wird damit der Fall sein. Durch das großzügige Teilen eurer Basisenergien, wird sich euer Schatz in unvorstellbare Dimensionen ausbreiten können und in einer rasanten Geschwindigkeit vermehren.

Wie albern wäre es somit, sich selbst der Liebe und dem Glauben an die wahre Liebe zu entsagen?

„Glauben bedeutet, für etwas einzustehen, das größer ist als wir selbst...etwas mit unseren menschlichen Sinnen nicht sehen können oder anfassen können, die Liebe und die Hoffnung, und dennoch daran festzuhalten....das bedeutet Leben!!!“
Sigrid Hornstein

Sicher wird euch eine entsprechende Portion Mut für euren Glauben abverlangt. Doch alles andere würde nur mit unendlichem Leid und mit unerträglichem Schmerz einhergehen. Ein Schmerz, der einer großen, offenen, fortwährend blutenden Wunde gleich käme.
Und, um es auf den Punkt zu bringen, sich einer Seelenverbindung, Seelenverabredung und dem damit einhergehenden Gefühl der Liebe zu entsagen, käme dem Gewaltakt, ab jetzt auf den Sauerstoff oder die Atemluft zu verzichten, gleich.

Die Rolle der Frau und die Rolle des Mannes:

Viele von euch glauben an den Zufall.
Doch wir möchten euch sagen, es gibt keinen Zufall. Wir sind es, die dir im richtigen Augenblick die von dir benötigten Dinge zufallen lassen. Sei es ein Seelenhelfer, sei es ein Wohnungsangebot, sei es ein Jobangebot, sei es auch mal, das nicht zu erhalten, was du dir gerade erbeten oder gewünscht hast.
Für alles, wirklich alles, gibt es einen Grund und es steckt ein tieferer Sinn dahinter. Eure Ungeduld und euer Unglaube erschweren die Situation, nicht wir sind es. Es sind einzig eure erlernten und weltlichen Energien.

I

So ist es auch kein Zufall, dass ihr mit unterschiedlichen Geschlechtern geboren werdet.
Ihr selbst wählt und bestimmt, in welcher Energie ihr euer Erdenleben fristen wollt.
Ihr selbst entscheidet, ob ihr in einer männlichen Energie kommt oder ob ihr das Leben in einer weiblichen Energie erleben möchtet.
Nicht immer wählt ihr dazu auch den passenden Körper.
So kann es sein, dass eine weibliche Energie in einem männlichen Körper steckt oder dass eine männliche Energie in einem weiblichen Körper gefangen ist.
Auch dies ist ein Teil eures Seelenplans und bedeutet eine Herausforderung an euch selbst und an eure Mitseelen. Selbst in dieser gewählten Konstellation vermag die Liebe auch hier alles zu heilen. Ein selbstbestimmtes Leben in Eigenverantwortung und einem uneingeschränkten Vertrauen zu seiner Bestimmung und Einzigartigkeit, zu führen. Auf sein Herz und seine mitgebrachten Energien zu hören. Dem Ruf des Herzens zu vertrauen, ihm zu folgen und sich für seine Bestimmung einzusetzen und diese dann auch umzusetzen und sie ohne weltlich auferlegte Grenzen zu leben. Dafür einzustehen und dieses gewählte Leben in bedingungsloser

Liebe zu leben, bedeutet, sich selbst anzunehmen und zu lieben.

Mit eurer Entscheidung eurer geschlechtlich gewählten Energie, bringt ihr zugleich auch ganz bestimmt Urinstinke, eurer Vorfahren mit.
Diese s.g. Urinstinkte beinhalten ebenfalls sehr sehr wichtige Grundlagen für die Liebe und eure Verbindungen untereinander und miteinander in sich.
So gesehen seid ihr vollkommene und perfekt aufeinander abgestimmte Energiewesen. Alle eure mitgebrachten Grundlagen verfolgen in jedem eurer Leben immer nur das eine Ziel, nämlich das Leben in Liebe zu leben. Da das Leben in Liebe zu keiner Zeit als eine Art Kampf angesehen werden soll oder euch in eine solche Stimmung transferieren möchte, gewährleisten diese eure Grundlagen ein Leben in Liebe, Frieden und Harmonie.
Unabhängig eurer Körper, werdet ihr von diesen geschlechtsspezifischen Grundlagen, euren (auch genannte) Zellerinnerungen, beeinflusst und gesteuert. So kann auch die Liebe zwischen gleichgeschlechtlichen Körpern die reine und vollkommene Vollendung eurer Seelenverbindungen bedeuten.
Auch eine Wandelung eurer Körper in eure Urbestimmung, bietet euch ein Leben in hingebungsvollem Ausgleich der Liebe zueinander.
Es gilt das Gesetz des Herzens, des Fühlens und der Sehnsucht, welches euch antreibt, eure Basisenergien und Urinstinkte leben zu können und zu wollen. Dafür nehmen viele von euch Spott und Hohn der anderen Mitseelen auf sich. Mutig und tapfer entgegen aller weltlich erfunden Regeln, folgen sie dem Ruf ihres Herzens und ihrem Gefühl. In dem absoluten tiefen Wissen, dass das Abenteuer Leben nur so auch die Erfüllung der Liebe beinhalten wird.

So hat z.B. eine männliche Energie den Instinkt eines Jägers und Sammlers in sich verankert. Ebenso enthal-

ten sind die Instinkte, der Beschützer und der Eroberer zu sein.
Männliche Energien werden durch Aufforderungen und Herausforderungen von der weiblichen Energie magisch angezogen. Gleichermaßen lieben die männlichen Energien das „Geheimnisvolle“, ja schon fast „Mystische“ der weiblichen Energie.
Bei ihrer Eroberung einer weiblichen Energie gehen sie meist sehr ehrfürchtig und behutsam ans Werk. Da diese unbekannte weibliche Energie eine Art Gefühl der Vergötterung in ihnen wach ruft.
Eine weibliche Energie ist für die männliche Energie etwas so besonderes, etwas so einzigartiges, etwas so wertvolles, dass beim Gelingen der Eroberung einer weiblichen Energie das Bedürfnis nach der puren Bindungs- und Vereinigungsenergie, entsteht.
Dennoch weiß die männliche Energie, aus ihren Zellerinnerungen heraus ganz genau (vergleichbar mit der Jagd auf ein scheues Reh!), dass eine Eroberung mit äußerster Vorsicht und mit sehr viel Geduld und Gelassenheit, den größeren Erfolg verspricht.
Ziel einer solchen Eroberung und Vereinigung war und ist es, den Bestand des menschlichen Lebens fortzusetzen und zu gewährleisten.
Unter allen Umständen galt und gilt es für die männliche Energie, die weibliche Energie glücklich zu machen, zu beschützen und zu versorgen.
Während die weibliche Energie die Aufgabe hat, sich scheu und geheimnisvoll zu geben. Im durchsetzen ihrer Prinzipien, sollten sich Treue und Beständigkeit widerspiegeln. Ihre Prinzipien sollten ihre Eigenart und ihren Eigenwert deutlich erkennbar machen.
Wie ungeheuer wertvoll erschien es der männlichen Energie dann, wenn nur ihm die Eroberung und ein evtl. Erfolg genehmigt worden war.
Das machte die männliche Energie ebenfalls sehr wertvoll und die Anerkennung aller seiner Nebenbuhler war ihm absolut sicher.

All diese Urinstinkte beinhalten eine ganz spezielle Liebe...die Liebe zu euch selbst aber auch den Glauben und die Liebe zu uns und zu allem, was ist.

Und so haben eure Mann/Frau-Rollen tatsächlich ihren tieferen Sinn und ihren Grund.
Denn nur durch das Lebenlassen eure Urinstinkte seid ihr wieder in der Anbindung eurer Basisenergien...der Liebe selbst.

II
Unsere Beobachtungen der neuen Zeit, zeigen aber leider sehr große Abweichungen eurer Urinstinkte.
Auch hier vermischen sich antrainierte, weltliche und gesellschaftliche Zwänge mit den Basisenergien und euren Urinstinken, sprich Zellerinnerungen.
Damit ist die Eindeutigkeit in eine Verbindung und in eine liebevolle und beständige Partnerschaft, erneut erschwert und kompliziert worden. Auf beiden Seiten herrscht die Verwirrung!
Die Regeln der mitgebrachten Urinstinkte und die damit einhergehenden Impulse, mit der Sehnsucht nach einer Paarbeziehung, entsprechen nicht den Regeln eurer Gesellschaft. Und jede Generation scheint ihre eigenen Regeln zu entwerfen, wieder neu zu kreieren und umzugestalten.
In keiner Zeit davor, gab es so viele alleinstehende Menschen, wie es gerade in eurer Zeit der Fall ist.
Das können und wollen wir so nicht länger tolerieren.
Doch warum ist das eigentlich so?
Warum fällt es euch Erdenmenschen so unsäglich schwer euch auf die wahre, tiefe und innige Verbindung zueinander und zu allem, was ist, einzulassen?
So seid ihr doch einst die Liebe selbst gewesen und habt euch, mit diesem Bewusstsein, voller Freude und Neugierde auf euer Abenteuer Leben eingelassen.
Einsamkeit und das Alleinleben standen dabei niemals zur Debatte und sollten keine Option zur Liebe sein.

Doch von Generation zu Generation, von einem Lebenszyklus zum anderen Lebenszyklus, habt ihr euch von eurer technischen Weiterentwicklung und euren, immer neuen Regeln, irgendwie überholen lassen.
Mann/Frau-, Frau/Mann-Rollen sind mehr und mehr entrückt.
Frau ist irritiert und zu tiefst verunsichert über ihre derzeitige Rolle, im dem Bezug auf die Liebe und die Partnerschaft, genauso wie Mann es ist.
Die angeborenen Urinstinkte beiderlei Geschlechter, widersprechen so vehement euren erlernten und antrainierten Regeln. Somit kommt dem Finden und dem Leben der Liebe, mit eurem Seelenpartner, schon fast einem Glücksspiel gleich.
Die Angst vor der Liebe, dem Versagen den Partner nicht zu 100% glücklich machen zu können oder selbst nicht zu genügen, ist so derart gewaltig, dass einige von euch bereit sind, sich tatsächlich lieber gegen die Liebe auszusprechen und stattdessen lieber die Einsamkeit zu bevorzugen.
Euer Anspruch an den perfekten Menschen ist fast ins unermessliche angestiegen und eure Ängste, dem nicht gerecht werden zu können, heißt in Angst davor zu leben, diesen Ansprüchen nicht gerecht werden zu können. Das Gefühl, nicht zu genügen, beutet auch, sich selbst abzulehnen und nicht zu lieben. Mit diesem Mangelgefühl in euch erwartet ihr dennoch, wenigstens von einer anderen Seele geliebt zu werden. Doch wie soll das funktionieren?
Diese Ansprüche sind von eurer Geburt an, an euch heran getragen worden und in der Phase eurer Anpassung, sorgte dieses Streben nach Perfektion dafür, dass ihr überlebt habt. Ihr musstet liebenswert sein, sonst hätte man euch vielleicht die Fürsorge entzogen. Eine permanente Bedrohung, nicht dazuzugehören, trieb euch an, euch völlig zu verbiegen, zu verstellen und letztendlich euch selbst zu betrügen und zu verlassen.

Ein solch gewaltiger Druck sorgte dafür, dass die Liebe, so wie ihr sie einst mal gewesen seid, durch einen unerfüllbaren Perfektionismus abgelöst wurde.
So hat eine Frau heute im Berufsleben meist ihren Mann zu stehen. Hingegen braucht ein Mann heutzutage nicht mehr der Jäger und Sammler zu sein, um seine Einzigartigkeit und Besonderheit darstellen zu können.
Frauen sind plötzlich zu den Jägern und Sammlern geworden und Männer werden erobert.
Männer sollten romantisch, treu, liebenswert, vermögend und aufmerksam sein und dabei doch noch ganz Mann bleiben.
Frauen sollten sexy, verführerisch, hingebungsvoll, leidenschaftlich, treu und mütterlich sein und dabei im Berufsleben ganz ihren Mann stehen.
So unendlich viele Ansprüche und wie könnt ihr Erdenkinder diesen Ansprüchen überhaupt noch gerecht werden?
Nur wenn ihr einem perfekten Bild, das eure Generation kreiert und entworfen hat, entsprecht, wird euch evtl. die Liebe in einer Paarbeziehung ermöglicht. So suggerieren es euch jedenfalls eure Medien in eurem Zeitalter.
Doch die reine und wahre Liebe kennt keine Ansprüche, kein Fordern, kein Verbiegen, keine Anpassung und keinen Perfektionismus.
Die Liebe liebt und liebt und liebt und liebt und liebt und liebt....
Anders ausgedrückt:
Euer Zeitalter, eure Gesellschaft und eure fortschreitende Entwicklung, mit immer größer werdenden Ansprüchen und dem Streben nach Perfektion, lässt euch immer hungriger und hungriger und hungriger werden....und dabei drohen viele, am Hungertod zu sterben.
Die Liebe lässt euch vollkommen sein! Auf ihre Art perfekt sein! Sie schenkt euch Geborgenheit und Sicherheit und lässt euch einfach satt werden.

III

Ein weiterer gravierender Punkt für die Harmonie und Ausgeglichenheit in euren Beziehungen und in euren Geschlechterrollen, ist das GEBEN und NEHMEN!
Frauen haben von je her schon einen angeborenen Mutterinstinkt in sich. Eine Mutter liebt immer gleichermaßen bedingungslos.
Männer hingegen tragen den angeborenen Instinkt des Gebers und des Versorgers in sich.
Leider kommt es auch hier immer wieder zu Rollenentrückungen.
Da eure weiblichen Energien über ein unvorstellbar großes Verständnispotential verfügen und das Ganze mit einem ausgeprägten Helfersyndrom unterstützt ist, neigen sehr viele weilbliche Energien dazu, auch in der Partnerschaft in eine Mutterrolle zu rutschen.
Unbewusst beginnen die Partnerrinnen, die männliche Energie zu bevormunden und aber auch zu versorgen. Ihr rutscht versehentlich in eure Mutterrolle und werdet hier ausschließlich nur noch zum GEBER…
Die männliche Energie wird sehr irritiert in ihrer Gefühlswelt sein. War doch er als der GEBER vorgesehen und alle seine Sinne und inneren Impulse bestätigen ihm dieses permanent.
Die wenigsten männlichen Energien haben ein Leben mit ihrer Mutterseele vorgesehen. In Form von unbeschreiblich unangenehmen Gefühlen, muss die männliche Energie jetzt, ob sie es möchte oder nicht, den Rückzug aus dieser Beziehung antreten. Tatsächlich ist es dann so, dass der Mann leichter auf die Beziehung verzichten kann und wird, als ein Kinder-Dasein auf immer und ewig fristen zu müssen.
Eine männliche Energie braucht das Gefühl, gebraucht zu werden. Ohne dieses Gefühl erscheint ihm sein Leben recht sinnlos.
Die weibliche Energie versteht jetzt die Welt überhaupt nicht mehr.

Statt diesen Prozess jetzt anzuhalten und zu wandeln, neigt die Frau dazu, hier noch mehr zu geben und noch besser sein zu wollen. Denn schließlich möchte sie unter allen Umständen geliebt, gebraucht und auch unentbehrlich für ihn sein. Nichts ahnend, dass sie genau damit, seinen Platz, seine Rolle und seinen Urinstinkt vollkommen besetzt und vereinnahmt.
Wenn ein Mann, in eurer Verbindung keinen Platz und keine Rolle mehr hat, droht er buchstäblich zu verkümmern.
Dabei wäre das alles so einfach!
Frauen leben in ihren Urinstinkten das NEHMEN aus. In weltlicher Form könnte man es mit dem Verhalten einer Prinzessin gleich setzen.
Frauen wollen angesprochen und erobert werden. Weibliche Energien lieben es, Komplimente zu bekommen. Jede Form der Wertschätzung und der Anerkennung fällt bei jeder weiblichen Energie auf absolut fruchtbaren Boden.
Der Mann gibt dies, weil er es braucht und liebt zu geben! Die Frau nimmt dies, weil sie es braucht und liebt zu nehmen!
Nun haben beide Geschlechter ihre Rollen wieder und ihre Urinstinkte werden mit dem Gefühl der Geborgenheit, dem uneingeschränkten Wohlfühlen und der Liebe, genährt und gesättigt.
Hier bleibt keiner hungrig und dürstend zurück.
Dies ist der Energieausgleich der Liebe in ihrer Perfektion und jeder hat seinen Platz in dieser Verbindung. Die Belohnung dafür ist die Harmonie, die bedingungslose Liebe, die Wertschätzung und Anerkennung, nach der ihr euch alle so sehr sehnt!!!

Wie sehen solche Rollenverschiebungen aus der Sicht der Energien aus?

Da eure Urinstinkte und eure Basisenergien absolut perfekt auf euren Seelenplan und auf eure Seelenverbindungen abgestimmt sind, sind solche erlernten Rollenverschiebungen vollkommen unverträglich mit diesem perfekten System, dem „Gesetz der Anziehung".
In einem perfekt abgestimmten System treffen sich zwei miteinander verabredete Seelenpartner für die Liebe und eine Liebes-und Lebensbeziehung.
In den ersten drei bis sechs Sekunden findet das Widerkennen über die Augen, und damit über den Blick in die Seelen beider Partner, satt. Der magische Augenblick der Widererkennung hat stattgefunden.
Die Verbindung, die einem schlauch- oder röhrenartigen Gebilde ähnelt, wurde damit von beiden Seiten, sprich beiden Seelen, geladen.
Sinn dieser röhrenartigen Verbindung ist es, dass jetzt beide Partner die Röhre mit gleichmäßig viel Energie laden können. Das verspricht eurer Verbindung und eurer Beziehung die Harmonie und das Gleichgewicht. So ist gewährleistet, dass sich die Liebe für beide Seelen immer frei und leicht anfühlen wird.
Doch durch eure Ansprüche und erlernten Energien der Erziehung und eures Umfeldes, finden hier, ganz unbewusst und unbeabsichtigt, Energieverschiebungen satt.
Ein Mann (egal in welchem geschlechtlichen Körper) ist und bleibt ein Jäger und Sammler. Doch die Frau (ebenfalls egal in welchem geschlechtlichen Körper), die gelernt hat, in vielen Bereichen ihres Lebens auch den Mann zu stehen, beginnt damit, den Jäger und Sammler zu jagen, zu erobern.
Der Urinstinkt des Mannes ist jetzt sehr verwirrt. Sollte es doch ursprünglich seine Aufgabe sein, die Frau zu umwerben und zu erobern.

Unbemerkt und unbewusst beginnen sich die Energien in dieser röhrenförmigen Verbindung, zu verschieben. So tauscht ihr beide zu Beginn eurer Verbindung eurer beiden Seelen, gleich viel Energie in dieser gemeinsamen Röhre aus. Eure Liebesenergien befinden sich in einer symphonieartigen Symbiose. In einem geradezu perfekten Ausgleich und Einklang miteinander.
Wird jedoch unbemerkt schleichend, durch die Rollenverschiebung ebenfalls, der Energieaustausch verschoben, kommt es dann zu unerklärbaren Distanzen. Was sich zunächst nur in einem unguten Gefühl äußert, wird sich dann plötzlich und unerwartet auch im äußeren Verhalten bestätigen. Für die männliche Energie wird durch das Fehlen des Jäger- und Eroberungsinstinktes, die Verbindung irgendwie unangenehmer und (nur fühlbar) enger. Sein Raum und seine Möglichkeiten, seinem Urinstinkt nachgehen zu können, schwinden zunehmend merklich für ihn. Irgendwann kommt es der männlichen Energie so vor, als befände er sich in einer Gefangenschaft (wenn auch nur auf e und energetischer Ebene). Es beginnt ein Kampf der gefühlt einem Kampf um Leben und Tod ähnelt.
Da sich diese Verschiebung so unbewusst und schleichend entwickelt und es sich hier „nur" um Gefühle handelt, wird die männliche Energie diesen Prozess nicht in Worte kleiden können. Er wird bzw. muss sich Sang- und klanglos aus dieser Verbindung verabschieden.
Auf beiden Seiten bleiben dann ein schaler Nachgeschmack des Versagens und des Nichtgenügens zurück....
Der wahre Ursprung ist aber:
Beide Seelen möchten diese Verbindung leben. Schließlich hat ein Widererkennen sattgefunden und diese Widererkennung hat den gemeinsamen Weg und die gemeinsame Liebe angetriggert. Doch der erforderliche Raum für die freie und wahre Liebe, scheint aus irgendeinem nicht offensichtlich erkennbaren Grund, nicht gegeben zu sein. Diese Enge ruft Erinnerungen an die An-

passungsphase zu Lebensbeginn wach. Und so entsteht abermals ein Kampf zwischen den Basisenergien/Urinstinkten und den erlernten und antrainierten Energien.
Eine solche Energieverschiebung fordert den Mann geradezu zum Rückzug auf.
Die Frau hingegen kann das Verhalten des Mannes überhaupt nicht nachvollziehen und ihr Urinstinkt fordert sie auf, die Situation klären zu wollen und darüber sprechen zu wollen.
Doch der Mann, der selbst überhaupt nicht weiß wie ihm gerade geschieht, kann sein Verhalten beim besten Willen nicht erklären...und so entsteht ein Rückzug ohne Worte und ohne Erklärung.
Jetzt wäre es von allergrößter Wichtigkeit, dass die weibliche Energie sich ebenfalls zurückzieht. Sich wieder auf sich und ihr Leben konzentriert. Nur so kann der Raum für die männliche Energie, in eurer geladenen Verbindungsröhre, wieder größer werden. Nur so kann sich das Gefühl der Sehnsucht, der Eroberungslust und des männlichen Urinstinkts wieder einstellen.
Doch in den allermeisten Fällen ist das genaue Gegenteil der Fall...und warum ist das so?
Die weibliche Energie bekommt ebenfalls den Erinnerungsflash aus der Zeit ihrer Anpassungsphase (ihrer Kindheit), in ihrem Unterbewusstsein, rein. Durch die Angst, diese Liebe wieder zu verlieren, entsteht das (unbegründete) Gefühl eines schon fast lebensbedrohlichen Ausnahmezustands. Damit beginnt die weibliche Energie noch mehr, noch intensiver, in diese Verbindung reinzugeben. Der Raum für die männliche Energie wird enger und enger...eine Art Fluchtgedanke entsteht.
Was bleibt, sind dann zwei völlig verstörte Seelen, die die Welt, das Leben und erst recht die Liebe, überhaupt nicht mehr verstehen können.
Ein Loslass-Versuch, von dieser Verbindung wird gewünscht und erzwungen. Damit werden erneut überlieferte Strategien, von anderen Generationen, erlernt und an-

trainiert. Erfahren, gefühlt und erkannt werden muss dann leider, dass das Loslassen alles andere als einfach ist und mit so unendlich viel Schmerz einhergeht.
Viele von euch erklären sich spätestens jetzt für verrückt. Denn wie kann das sein, dass ihr immer und immer wieder an diese Verbindung, an diese Liebe zu dieser Seele, denken müsst. Wie ist es möglich, dass ihr diese Seele sogar, trotz ihrer Abwesenheit, vor eurem geistigen Auge zu sehen bekommt. Warum ist diese geliebte Seele ständig in euren Träumen und Erinnerungen, trotz so vieler Loslass-Strategien, nach wie vor noch so präsent?
Der Grund dafür ist, dass es nun mal diese geladene und sehr aktive Verbindung zwischen euch gibt. Sich gegen diese geladene Verbindung zu wehren, käme dem Versuch, sich von der Atemluft abschneiden zu wollen, gleich.
Der Schmerz, den ihr bei euren Loslass-Strategien empfindet, ist ein ganz klarer Beweis für eure aktive Verbindung zu euerem Seelenpartner.
Und so geschehen solche Energieverschiebungen auch in vielen anderen Konstellationen.
Mal ist es die männliche Energie, die sich auf Grund des unbewusst eingeschlichenen Platzmangels beginnt, unwohl zu fühlen und trotz des intensiven Wunsches, diese Liebe leben zu wollen, auf eine Art Distanz geht. Und mal ist es die weibliche Energie, deren Liebe plötzlich nicht mehr den erforderlichen Raum hat, um diese Verbindung aufrecht zu erhalten.
Natürlich sind nicht immer und in allererster Linie die Energieverschiebungen die Ursache für eine evtl. Trennung.
Fast überwiegend hängen Trennungen mit einer Lernaufgabe zusammen. Einer der beiden, oder auch beide, müssen, um diese Liebe und Partnerschaft leben zu können, durch eine ganz bestimmte Lernaufgabe geführt werden.
Dabei handelt es sich immer nur um eine einzige Lernaufgabe. Das Erlernen, sich selbst uneingeschränkt und

bedingungslos, anzunehmen und zu 100% zu lieben, ist die Aufgabe bzw. der wahre Grund für euer Erdenleben.
Es galt und gilt, niemals die Liebe im Anderen oder im Außen zu finden. Das Abenteuer sieht und sah vor, die Liebe in sich selbst und zu sich selbst zu erkennen und umzusetzen.
Viele eurer Seelenverbindungen, sind euch bei eurer Lernaufgabe ganz einfach nur behilflich. Und in dem sie sich aus eurem Leben wieder verabschieden, bekommt ihr abermals die Chance, euch jetzt selbst zu finden, zu entdecken, zu erkennen und das was ihr da kennenlernt, dann auch uneingeschränkt zu lieben.
Deshalb steckt hinter jeder Trennung ein unvorstellbar schönes und großes Geschenk. Das schönste Geschenk, das ihr euch gegenseitig überhaupt machen könnt.

Die Erkenntnis der Selbst- bzw. Eigenliebe!!!

Solltet ihr euch in eurer Phase der Distanz und (nur augenscheinlichen) Trennung nun eurer Lern- und Lebensaufgabe annehmen, wird damit die Zeit der Rückkehr und Wideraufnahme eurer Seelenbeziehung, unvorstellbar gekürzt. Je schneller ihr bereit seid, euch eurer Aufgabe zu stellen und sie bis in den letzten Winkel eures Herzens und eurer Seele einfließen zu lassen, desto schneller wird es eine Art „Comeback“ für euch beide geben.
Oft genügt es auch schon, dass nur einer der Seelenpartner diese Lernaufgabe lernt und verinnerlicht. Da eure Seelen niemals wirklich voneinander getrennt sind oder waren, wird dein Seelenpartner deine positive Veränderung umgehend fühlen. Ein magischer Sog in deine Richtung wird ihn dann veranlassen, dich wieder zu suchen. Wir unterstützen dessen Suche umgehend und schicken ihm/ihr sofort und konstant die Impulse und den Mut für eine erneute Kontaktaufnahme.
Ihr habt euch in aller Regel sehr clever mit dem entsprechend für euch „richtigen“ Seelenpartner verabredet.

Ihr beide wusstet, wer von euch bereit sein wird diese eine einzig wirklich wichtige Lernaufgabe, die überhaupt jemals auf Erden gezählt hat und zählen wird, anzugehen.
Selten sind beide Seelen bereits bei eurer Begegnung auf dem gleichen Stand der Selbstliebe angelangt. Einer steht dem anderen immer etwas in der Folge. Und das ist von euch auch gewollt, gewünscht und beabsichtigt gewesen.
Lernen könnt ihr Erdenwesen nur von euch, durch euch und mit euch selbst.
Wer von euch sich dieser Aufgabe angenommen hat und bereit gewesen ist, sich dieser Aufgabe zu stellen, der wird ganz intuitiv auch beginnen sich damit zu beschäftigen und auseinander zu setzten.
Demjenigen werden abermals über vielseitige Weise und Wege, die entsprechenden Seelen, Zeichen, Botschaften, Bücher, DVD´s, CD´S, Meditationen und vieles mehr, angetragen werden. Abermals gilt es sich jetzt bewusst mit diesen Themen und damit mit dem Finden des Schlüssels in dir, zu beschäftigen. Ein Abwehren oder Ignorieren würde nur für eine Verlängerung des/deines Weges stehen.
Mit der Ausdehnung deines Weges würden dir damit ein und die gleichen Themen solange wiederholt begegnen, bis deine Erschöpfung dich endlich zum Lernen zwingt.
Je schneller du also bereit sein wirst, den Weg in deine Mitte und in dein Inneres zu suchen und zu gehen, desto schneller stehen euch die Türen und die Tore für die wahre Liebe ganz weit offen.
Dein Vorteil daraus ist nicht nur, dass du dich gefunden haben wirst. Nein, darüber hinaus wirst du dann zum aller ersten Mal eine Beziehung in so einer Freiheit, Leichtigkeit und Harmonie erleben und leben dürfen, wie sie dir bis dato unerschlossen gewesen war und ist.
Unser gemeinsames Ziel ist erreicht!!!
Warst du zu Beginn deines Erdenlebens ein Suchender, ohne dem ganz klaren Wissen, wonach du eigentlich

ganz genau gesucht hattest, so bist du mit der Verinnerlichung deiner Selbstliebe mit einem Mal der Sieger deines Lebens.
Deinem Ursprung und deiner Herkunft entsprechend bist du damit die Liebe selbst. Frei von Bedingungen, Ängsten, Hass, Wut, Forderungen, Erwartungen, Urteilen und Vorurteilen.
Diese eine Liebe ist die wahre und reine Energie in sich selbst. Eine Liebesenergie, die der Unendlichkeit entspringt und entsprungen ist.
Alles Leben ist wie durch ein riesiges, unvorstellbar großes Spinnennetzt miteinander verbunden. Sorgen deine Liebesenergien in dir für eine Vibration eines Fadens im Netz, wird das gesamte Netz damit zum Schwingen gebracht. Alle deine Seelenpartner, Seelenhelfer und Seelenverabredungen, sind mit dir und mit allem, was ist, über dieses (für euch) unsichtbare Netz miteinander verbunden.
Je tiefer und schwerer deine Energien durch deine weltlich antrainierten Strukturen und Glaubenssätze sind, desto geringer sind deine Vibrationen deiner Basis-Energien. Die Folge wird sein, dass wir dir dadurch leider nur ebenfalls diese dunklen und schweren Energien liefern können.
Je höher, heller und leichter deine Basisenergien in dir wieder zu einem festen Teil deiner selbst geworden sind, desto leichter und schneller können wir dich mit der wahren Liebe beliefern.
Damit fließen eure und unsere Energien in einem ausgewogenen Verhältnis zueinander, in der so sehr herbeigesehnten Harmonie, miteinander.
Keiner von euch wird und muss jemals mehr den Energieraum des anderen einengen und ihn damit in die (ungewollte) Flucht drängen.
Letzten Endes werdet, die einen früher und die anderen von euch etwas später, ihr alle erkennen dürfen, wie gut und unbeschreiblich schön es sich anfühlt, wenn man in eurem Erdenleben Hand in Hand geht und nicht die Hän-

de der Mitseelen zerquetscht und permanent gedrückt hält. Ein Erdrücken was aus eurer Angst heraus resultiert, ihr könntet verlassen werden. Diese Art der Liebe kostet euch in der Regel nur unendlich viel Kraft und Energie und bringt dann doch nicht das, was ihr euch alle von ganzem Herzen wünscht.
Die Liebe in Freiheit und Ungezwungenheit!!!

Nicht alle Seelenverbindungen sind für die Dauer eures ganzen Erdenlebens vorgesehen und werden bestehen bleiben.

In euren Verträgen mit euren Seelenpartnern (Dualseelen/Zwillingseelen/Seelenhelfern/Seelenverwandte), habt ihr, oder einer von euch, unter Umständen auch ein kommendes Ende, eine gültige Trennung, vereinbart.
Dies habt ihr in aller Regel nur deshalb getan, damit neben euch der Raum für eine neue Verabredung und damit für einen neuen Seelenpartner frei wird.

Trennungen:
Da ihr euch in einem menschlichen Körper befindet und ihr schon recht früh mit weltlichen Energien überschüttet worden seid, haltet ihr Trennungen für real und unterwerft euch damit einem unvorstellbar großen Kummer. Dem s.g. Liebeskummer!
Ihr bildet euch ein, dass ein Weiterleben ohne diesen Seelenpartner an eurer Seite, nicht mehr möglich wäre.
In diesem Zustand der Machtlosigkeit und Endgültigkeit, wendet ihr, völlig hilflos und überfordert damit, alle weltlichen Strategien des Überlebens an. Dabei bemerkt ihr meistens überhaupt nicht, dass ihr euch jetzt noch mehr und erst recht vollkommen, durch euer Verhalten, selbst verlasst.
Ihr beginnt damit, euch in eurem Außen Strukturen aufzubauen, die euch zuerst einmal einen Halt und eine Sicherheit geben sollen.
Nicht Wissend um eure eigentliche Macht, die Verbindung mit uns und deinem Seelenplan, treibt ihr wie ein hüpfender Korken auf offener, meist sehr stürmischer und rauer See umher.
Vollkommen sinnlos erscheint euch euer Leben und ohne euren Sinn dafür, verliert ihr auch zeitgleich eure Ziele, die euch erfreuen und euch wieder glücklich sein lassen werden, aus den Augen. Ihr erfleht und erbettelt euch

Rettung. Was aus eurer Sicht nicht sein darf, das kann und darf auch nicht möglich oder wahr für euch sein.

Die Veränderung, die mit so einer endgültigen Trennung einhergeht, überfordert euch maßlos und bei einigen ist der Wunsch, wieder ein Teil von uns zu sein, die letzte Aussicht auf Erlösung.
Im Außen werdet ihr zunehmend aktiver. In der Hoffnung, dass eure Rettung im Außen zu finden ist. Ein neuer Partner wird herbeigesehnt, in der Hoffnung, dass er euren unstillbaren Hunger nach Liebe und Anerkennung stillen kann und wird.
In euren Überlebenstaktiken, entfernt ihr euch immer mehr und mehr von euch selbst. Nicht bereit dafür, eure unsäglich große Chance, die so eine Trennung für euch bereithält, erkennen zu wollen oder erkennen zu können.
Erst wenn eure Kraft in diesem aussichtslosen Kampf, den ihr mit euch selbst führt, nachlässt, wird wieder Raum für euch selbst entstehen können.
Wir, deine treuen Diener, die dir absolut ergeben an deiner Seite stehen, möchten dich hier von deinen Chancen, die solche Trennungen beinhalten, in Kenntnis setzten und dich diesbezüglich darüber aufklären.
Wichtig ist aber, dass du in allererster Linie bereit bist, zu akzeptieren, dass dein/euer gemeinsamer Seelenweg beendet ist. Du kannst ganz sicher sein, dass ihr in beiderseitigem Einverständnis, diese Trennung vereinbart und geplant habt und ihr sie euch beide somit auch gewünscht habt.
Ja, nicht nur der, der die Trennung vollzogen hat, lebt hier seinen Wunsch aus. Nein, auch du, der (augenscheinlich) verlassen worden ist, steuert damit die nächste Stufe auf seinem Seelenplan an.
Eines ist dennoch von allergrößter Wichtigkeit. Eine Trennung, wie ihr sie kennt und erlebt, entspricht nicht dem Gesetz der Anziehung und der Energien. Denn sie kann und wird niemals wirklich sein. Alles ist mit allem verbunden. Selbst dann, wenn der physische Körper eu-

res Seelenpartners, rein optisch, nicht mehr die Wege in eurem Leben teilt und mit euch an eurer Seite geht, so wird er dennoch für immer ein Teil von euch sein und es auch immer bleiben. Genau, wie ihr für alle Zeit ein Teil von ihm bleiben werdet.

Langfristig gesehen werdet ihr in einer Trennung, die größten Geschenke erwarten dürfen, die ihr euch im dem Augenblick eures Schmerzes nicht im Entferntesten vorstellen könnt.

Das Vergessen eurer Herkunft war der Deal, den ihr mit uns eingegangen seid. Ebenso das Vergessen deiner Talente, deiner Gaben und deiner Berufung.

Alles was ihr erlebt und all eure Erfahrungen, sind somit immer die passenden Gaben für euren Fortschritt und euer tiefer Eindringen in euren Seelenkoffer, den ihr in einer ganz bestimmten Reihenfolge, mit sehr viel bedacht und gut überlegt, für euer Erdenleben gepackt habt.

So ist es unser Wunsch bzw. unsere größte Bitte an dich, uns auch hier dein bedingungsloses Vertrauen zu schenken.

Möglicherweise hat dieser/euer Seelenpartner euren Weg für eine ganz bestimmte Erfüllung, auf eurem Seelenplan, versperrt und hätte, mit seinem Bleiben, diese Erfüllung somit unmöglich für euch gemacht.

Möglicherweise schlummerte bereits ganz unbewusst auch in euch die Sehnsucht nach mehr oder nach einer Veränderung und ihr selbst hättet den Mut zu dieser Trennung niemals in euch gehabt.

Möglicherweise steht eine Verabredung mit eurem neuen und zukünftigen Seelenpartner an. Einer, welcher auf eurem bevorstehenden und zukünftigen Seelenweg, viel besser geeignet ist dafür, euch hier zur Seite zu stehen.

Eine Seele, mit der ihr euch und eure Energien, vervielfältigt, weiterausdehnt und in einer noch nie erlebten Art und Weise anreichern könnt.

Bitte glaubt und vertraut uns, dass auch solche Trennungen nur aus grenzenloser Liebe und einer neuen, bevorstehenden Wunscherfüllung für euch geschehen.

Denn kannst du dir wirklich und wahrhaftig vorstellen, dass wir, die wir die Liebe selbst sind, auch nur irgendetwas tun würden, was nicht aus der tiefsten und innigsten Liebe zu dir (die jenseits deiner weltlichen Vorstellung liegt), geschieht?!
Welche Möglichkeiten, Optionen und Chancen einer Trennung auch zu Grunde liegen, wichtig ist es, dass ihr uns gerade in dieser Phase eures Lebens euer Vertrauen schenkt. Lasst euch einfach in eine Zuversicht und Hoffnung, dass auch diese Erfahrung nur zu euerem Besten dient, fallen.
Eines ist euch allen in jedem Falle ganz sicher und definitiv garantiert. Ihr werdet zur rechten Zeit eurem neuen und zukünftigen Seelenpartner begegnen. Die Liebe ist und bleibt die stärkste und größte Macht für euch alle, die es überhaupt gibt. Sie ermöglicht Heilung, was sonst keiner zu heilen vermag. Sie hält alles am Wachsen, was sonst verdursten oder verhungern würde. Sie lässt die Schönheit in euch und um euch herum erblühen. Deshalb seid gewiss und versichert, dass ihr nicht alleine bleiben werdet.
Macht euch in Liebe und Licht bereit eueren augenblicklichen Zustand anzunehmen und zu akzeptieren. Ruht euch aus und lasst die Ruhe sich in euch ausbreiten. Gebt den Widerstand auf, euch dagegen zu wehren. Hört damit auf, etwas im Außen zu suchen, was schon längst alles in euch liegt. Richtet euren Blick nach innen und erlaubt euch selbst, dass wir euch fühlen lassen können, wie groß unsere Liebe zu euch ist. Damit du dich als dein größtes Geschenk und Wunder selbst erkennen und erfahren kannst und wirst.
Unser Wunsch ist es, dass ihr mit euren Erfahrungen von Trennungen, den Weg in eure Selbstliebe und damit den Weg zu euch selbst finden werdet. Das Finden von euch und eurer Einzigartigkeit, eurer wahren Schönheit in euch, beinhaltet dann ebenso das Finden von uns und damit die Vervollkommnung eurer wahren und grenzenlosen Macht, in euch, um euch und durch euch selbst.

Finde dich und du hast uns gefunden!!!
Wir unterstützen dich in deiner Suche, Findung und Heilwerdung bedingungslos, fortwährend und grenzenlos.
Der Schmerz, den ihr bei einer Trennung empfindet, entspringt einzig und alleine eurer Weltlichkeit. Denn wie würde es dir damit gehen, wenn du das alles niemals erlebt hättest? Und sofort würdest du erkennen und fühlen dürfen, dass es einzig deine Gedanken sind, die dir deinen Kummer beschaffen.
Wie würde es dir gehen, wenn deine Gedanken diese Trennungsgedanken gar nicht denken könnten?
Euren Verstand einfach mal pausieren lassen können, würde für eine sofortige Erleichterung in euch sorgen.
Es ist von großem Vorteil für dich und dein Leben, wenn du gerade durch den Liebesakt einer Trennung, das Loslassen lernen darfst. Niemals hat dir je irgendetwas wirklich gehört. Zu keiner Zeit ist dir je wirklich jemals etwas genommen worden. Alles ist mit allem verbunden und ist Eins miteinander. Ein Loslassen von Etwas oder Jemandem, der dir niemals gehört hat, ist unmöglich. Eine Trennung von Etwas oder Jemandem, der bis in alle Ewigkeit und darüber hinaus mit dir verbunden war, ist und es immer sein wird, ist unmöglich.
Alles, was du festhalten und besitzen möchtest, wird immer von dir weg wollen. Alles was du in Freiheit und Freiwilligkeit bei dir hast, wird für immer bleiben wollen.
Respektiere und Würdige die Entscheidungen deiner Mitseelen. Friede und Freiheit können nur in dir sein, wenn du den Frieden und die Freiheit als ein untrennbarer Teil, sowohl in dir als auch in deinen Mitseelen, anerkennst und respektierst.
Kampf und Widerstand bedeutet, sich gegen die Freiheit und letztendlich gegen die Liebe auszusprechen.
Nehme an, was ist und übergebe uns deinen weltlichen Schmerz, damit wir ihn für dich in die Liebe wandeln können.
Vertraue uns, dass alles, was auch immer geschieht in deinem Erdenleben, einen tieferen Sinn in sich birgt.

Glaube an uns und an dich, dass wir in unserer gemeinsamen Verschmelzung, stets etwas noch besseres, noch wahrhaftigeres, noch wundervolleres für dich in Petto haben, als es sich dein eingeschränkter Verstand jemals vorstellen kann.
Wir sind Du und Du bist Wir...sei bereit für unseren gemeinsamen Weg in dein neues Ich. Öffne dich deiner Erweiterung in die nächste Stufe deines Seelenkoffers. Lasse dich mutig hineinfallen und werfe damit allen Kummer, alle Sorgen, allen Schmerz, allen Hass, alle Wut von dir ab.
Trete deinem nächsten „WUNDER"- vollen Lebensabschnitt voller Zuversicht und Freude entgegen!!!
So wie du es einst schon mal bei deiner Geburt bereit warst zu tun ☺

Wie könnt ihr euren Schmerz der Trennung in Liebe wandeln?

Die meisten von euch glauben und vertrauen so sehr ihren weltlich angeborenen Sinnen und ihren weltlich erlernten Strategien und Energien, dass eine Distanz von ihrem Seelenpartner einer realen Trennung für euch gleich kommt.
Doch dem ist nicht so. Nichts, was ihr sehen oder auch erfühlen könnt, ist wirklich voneinander getrennt. Alles ist Eins und in einer harmonischen Einheit miteinander verbunden und aufeinander abgestimmt.
Eure Strategien und Trennungstechniken rufen in euch einen großen Seelenschmerz hervor. Doch zu keiner Zeit war der Schmerz, den ihr empfindet, für euch auf eurem Seelenplan vorgesehen. Als ihr noch ein Teil von uns gewesen seid, wusstet ihr, dass Trennungen und Distanzen einfach unmöglich sind.
Mit sehr vielen Seelen habt ihr euch verabredet um durch sie zu erfahren, dass all diese Seelen für immer ein Teil von euch sein und bleiben werden.
Doch eure weltliche Erziehung und eure Taktik, mit einer optischen Trennung umzugehen, sehen vor, eure Liebesenergien zu einem Seelenpartner, in Wut, in Hass, in Beschimpfung, in Bestrafung, in Demütigung, in Vorwürfe, in Verzweiflung und Kummer zu wandeln.
Mit all diesen niedrigen Energien vergrößert ihr aber, ganz unbewusst, euren Schmerz nur noch um ein Vielfaches.
Nur die Liebe, euer Gaube und das Vertrauen in die Liebe, in ihrer reinen, hellen und warmherzigen Energie, vermag den Schmerz einer augenscheinlichen Trennung zu lindern und zu heilen.
Gesteht euch und anderen ein, dass ihr diesen Menschen, auch wenn er (im Augenblick) nicht an eurer Seite ist, immer noch liebt. Steht zu euren Gefühlen. Erlaubt euch weiterhin, zu lieben und zu erfühlen, was in eurem Herzen ist. Sprecht in Liebe und Dankbarkeit über all die-

se Geschenke, die euch diese Begegnung und diese unsäglich schöne Verbindung, gegeben hat. Bleibt in eurer Liebe zu dieser Seele und ihr werdet Heilung durch Liebe erfahren.
Dankbarkeit kürzt die Wege des Schmerzes in euch sofort ab.
Nur wer Dankbarkeit in sich tragen kann, kann auch die Liebe in sich tragen.
Oder würdest du wirklich und ganz ehrlich auf diese wundervolle gemeinsame Zeit und gelebte Liebe mit dieser Seele verzichten können und wollen?
Bedenke hier, alle die vielen wertvollen Geschenke der Gemeinsamkeit haben dich erst zu dem werden lassen der du heute bist. Wolltest du diese gemeinsamen Erinnerungen wirklich missen wollen? Könntest du überhaupt, in Wahrheit, darauf verzichten? Eine Zeit voller Kostbarkeiten und Fülle. Da eure Zeit auf Erden, für jedes eurer Leben, ohnehin begrenzt ist. Zeit ist damit auch das kostbarste Gut, das ihr Menschen jemals haben werdet. So wäre ein Bereuen einer gemeinsamen Zeit in Liebe und Harmonie das Traurigste was ihr überhaupt machen könntet. Eurer Vereinbarung und ebenso eurem Seelenplan und Seelenverabredungen, würdet ihr damit einen Fehler unterstellen. Doch es gibt keine Fehler. Es gibt nur unzählig viele wertvolle Erfahrungen.
Erst eure Erfahrungen lassen euch in das Tal des Reichtums und Wohlstandes eintreten. Nur durch eure Erfahrungen könnt ihr Vollkommen und Ganz werden und eines Tages auch sein.
So sind eure gemeinsamen Erfahrungen, Entwicklungen und die einst gegenseitige Liebe für einander doch alle Dankbarkeit der Welt wert?
Du wurdest geliebt und durftest deine Liebe mit dieser Seele teilen.
Eure Dankbarkeit wird euren Schmerz wandeln.
Die Liebe und die Dankbarkeit gehen stets Hand in Hand miteinander. Je dankbarer du sein kannst, desto mehr

Liebe kann sich in dir und somit durch dich, erst unermesslich ausbreiten.
Einzig euer Irrglaube, dass durch eine (vorübergehende) Trennung auch eine Trennung zur tiefen und innigen Liebe einhergehen muss, macht euch leider blind für das Offensichtliche und Schöne darin.
Die meisten von euch vertreten die Meinung und die Ansicht, dass man nur einen einzigen Menschen lieben darf. Wir möchten euch wissen lassen, dass ihr über eine unvorstellbar große Menge an Liebeskapazitäten verfügt. Euer Herz- und Seelenraum entspricht der gigantischen Größe eines Ozeans. In diesem Herz-Seelen-Ozean, ist Platz für unendlich viele Lieben. Und von keiner einzigen müsst ihr euch jemals wirklich trennen oder wahrhaftig verabschieden.
Ihr seid die Liebe selbst, wie könnte es da überhaupt möglich sein, euch von der Liebe zu trennen?!
Versucht nicht das Unmögliche....lebt das Naheliegenste überhaupt, die Liebe zu allem, was ist.
Damit beginnt ihr, euren Herzraum ins Unermessliche zu erweitern. Und mit jedem Geschenk der Liebe und einem Wiedersehen mit einer verabredeten Seele, werdet ihr reicher, ganzer und vollkommener werden.
Seid bereit dafür, all eure Gefühle und Sehnsüchte zu akzeptieren und zu verinnerlichen. Hört auf dieses Spiel der Trennung und des Loslassens zu spielen, das ihr doch niemals gewinnen könnt. Hört damit auf, euch selbst zu verletztzen und euch Schmerz zuzufügen. Erlaubt es euch, in immer währender Liebe zu allen euren Seelenpartnern zu leben. Eure Existenz befindet sich in unvorstellbar vielen Dimensionen wieder. Auch nur eine davon zu leugnen oder nicht anerkennen zu wollen, bedeutet immer, euch selbst zu verleugnen und nicht anzuerkennen. Sagt mutig „JA" zu euren vergangenen, gegenwärtigen und evtl. zukünftigen Lieben und ihr seid geheilt von eurem Liebeskummer.

Dankbarkeit und Wertschätzung werden den Schmerz und den Kummer in Liebe wandeln und euch reicher machen, als ihr es euch überhaupt vorstellen könnt.
Gesteht anderen Seele ebenfalls viele “Lieben“ zu. Damit auch euch die Liebe in Hülle und Fülle zu teil werden kann.
Denn wenn eine Trennung durch eine Energieverschiebung oder durch das gewünschte Erlernen der Selbstliebe und Eigenliebe hervorgerufen worden ist, wird diese Seele, nach dem Abschluss der Lernaufgabe oder der bereinigten Energien, unter Garantie wieder zu euch zurückkehren.
Wut, Hass und Kummer würden dann den Weg für eine Rückführung versperren. Diese Verzögerung würde eure Geduld unnötig auf die Probe stellen.
Nutzt die Zeit eurer (augenblicklichen) Distanz für euch selbst. Überprüft euch selbst, an welchem Punkt eurer Lernaufgabe ihr euch gerade befindet, um dann auch selbst in vollkommenem Geheiltsein und vollkommener Ganzheit, abermals für das Fortsetzen eurer Liebesbeziehung bereitsein zu können.
Denn immer und immer liegen in einer Trennung die allergrößten Geschenke für euch darin verborgen. Ihr müsst lediglich dem Weg der Liebe treu bleiben, um diese Geschenke dann auch für euch erkennen zu dürfen und nutzen zu können.
Die Liebe ist und bleibt für immer und ewig euer höchstes und wertvollstes Gut...ein Bemessen dieses Reichtums ist schlicht und ergreifend unmöglich.
Wir danken dir für deine Liebe....danke auch du allen Seelen, die bisher ein Stück deines Lebensweges mit dir gegangen sind, für all diese wundervollen und unvergleichlich schönen Erfahrungen.
Lasse deine Basisenergien leben und sprechen und verbanne, soweit es dir gelingen mag, deine antrainierten und anerzogenen weltlichen Energien des Menschseins.
Wir, die wir mit dir in jeder Sekunde deines Lebens, verbunden sind, unterstützen und reichern dich ebenfalls mit

der einzig wahren Energie, der Liebe, an....und sagen dir auf allen nur erdenklichen Wegen...
Wir lieben dich. Du bist ein Teil von uns und wir leben in dir, mit dir und durch dich!!!

II

Natürlich kann es auch vorkommen, dass sich euer Seelenpartner für seine Rückkehr oder für sein eindeutiges Bekennen seiner Liebe zu dir, für dich, gefühlt unerträglich viel Zeit lässt. In diesem Fall wird euer Seelen-Helfer-Partner für euch aktiv abgerufen.
Keiner von euch soll unnötig lange auf seine Liebesbeziehung warten müssen oder gar darauf verzichten müssen.
Der Seelen-Helfer-Partner steht dem eigentlichen Seelenpartner in absolut nichts nach. Ganz im Gegenteil!
Durch das ausdauernde Warten im tiefen Vertrauen und Glauben an die Liebe und in der wahren Entwicklung der Selbstliebe, werden eure Wünsche und Vorstellungen über eine Verbindung und Beziehung in Liebe, immer klarer und detaillierter werden.
Eure Sehnsucht danach sorgt für das stetige Wachstum und eurer Anreicherung eurer Liebesenergien.
Ihr wusstet, als ihr eure Verabredung mit eurem Seelenpartner getroffen hattet, um die Schwierigkeiten, die damit verbunden sein könnten. Ihr habt eine Zusage für eure Ausdauer und Beständigkeit, für die Entwicklung dieser Beziehung, gemacht. Dennoch habt ihr parallel dazu weitere Verbindungen aktiviert.
Die Zeit, die es bei uns in unseren Sphären nicht gibt, die aber bei der Inkarnation, beim Eintritt in die Menschlichkeit, tatsächlich begrenzt ist, ist damit ein ungeheuer kostbares Gut. Ein Gut das zur optimalen Nutzung eurer Wunscherfüllungen, eurer Freude, eures Wohlfühlens, eurer Erfüllungen in der Liebe und in der Erfüllung in euren Beziehungen, sehr vorausschauend geplant worden ist.

Um diese Zeit optimal nutzen zu wollen und zu können, habt ihr, da ihr keinerlei Einfluss auf die Entwicklung und die Entscheidung eures Seelenpartners haben werdet, ebenfalls parallel Verabredungen mit eurem Seelen-Helfer-Partner vereinbart.
Euer Seelen-Helfer-Partner, hat ganz genau wie ihr, die Sehnsucht und den Wunsch nach der reinen, tiefen und beständigen Liebe. Auch er war so manchen Warteschleifen, im Bezug und der Erwartung auf die Liebe, ausgesetzt. Sein Bedürfnis ähnelt eurem und eure Vorstellungen von Liebe und Beziehung kommt der seinen gleich.
Ist das Band euer beider Seelen durch eure Begegnung und damit durch euer Widererkennen, mit eurer Liebesenergie geladen worden, wird der eigentliche Seelenpartner auf einmal ebenfalls aktiv werden.
Mit beiden Partnern seid ihr verabredet. Mit beiden Partnern könntet ihr nun die Liebesbeziehung leben, die ihr euch immer gewünscht und ersehnt habt.
Damit steht euch die Herausforderung einer Entscheidung ins Haus. Welcher der beiden kann und wird dem entsprechen und das umsetzten können, was ihr für wichtig und unerlässlich haltet. Welcher der beiden schwingt mit dir gemeinsam auf derselben Welle deiner Liebesenergien.
Hier gilt es tatsächlich, in eurer Ruhe zu bleiben und euch beide Seelenpartner genau anzuschauen. Welcher der beiden entspricht, nach eurer Entwicklungsphase und eurer erlernten und verinnerlichten Lernaufgabe (in die vollkomme Selbstliebe zu kommen), jetzt mehr eurer Vorstellung zur Erfüllung der Liebe und einem gemeinsames Leben?
Nicht selten entscheiden sich viele von euch für ihren Seelen-Helfer-Partner. Er macht es euch leicht, ihn zu lieben. Er braucht keine Bedenkzeit oder einen Umweg durch evtl. Lernaufgaben mehr. Er wird und ist, genau wie du es dann sein wirst, umgehend und sofort für eure

gemeinsame Liebe und eure gemeinsame Beziehung bereit sein.
Alles wird sich für euch bei eurem Seelen-Helfer-Partner plötzlich so leicht und einfach anfühlen.
War davor die Liebe an immer neue und andere Bedingungen und erforderliche Verhaltensmuster geknüpft, ist es hier ganz einfach die Erfüllung pur.
Der gefühlte Kampf um die Liebe gehört hier der Vergangenheit an. Ein - „sich auf Distanz Kennenlernen und Treffen" - ist ebenfalls im Austausch mit –„ sich sehen wollen und so viel Zeit wie nur irgend möglich miteinander verbringen zu wollen" - eine bereichernde Erfahrung für euch.
Alles ist hier in vollkommener Harmonie und ein Gleich- und Miteinanderschwingen, ist als unverkennbares Merkmal des Seelen-Helfer-Partners, in Eindeutigkeit fühlbar.
Doch bei sehr vielen von euch führt diese ungewohnte Leichtigkeit und perfekte Harmonie, ebenfalls zu Irritationen. Hierbei handelt es sich erneut um eine wichtige Erfahrung und Lernaufgabe für euch.
Euer ganzes Leben lang war euch die Liebe nur unter dem Deckmantel des Leidens und des Kämpfens beschert worden und darum sehr vertraut. Auf einmal soll das aber bei eurem Seelen-Helfer-Partner nicht mehr der Fall sein. Ebenfalls seid ihr es gewohnt, der Einfachheit euer Misstrauen entgegenzustrecken. Diese weltlich angeeigneten Programme könnten eure Liebe evtl. zu Anfang etwas in ihrem Fluss behindern. Möglicherweise begebt ihr euch dann auf die Suche nach der berühmten Stecknadel im Heuhaufen, doch ihr werdet hier nichts finden.
Wir fragen euch, seid ihr mittlerweile nicht sehr müde und erschöpft von eurer stetigen Suche nach dieser Stecknadel? Wohin nur wird euch euer Misstrauen dann wohl führen?

Denn einfach Alles wird, sofern es auf eurem Seelenplan geschrieben steht und vereinbart ist, mit oder ohne euren Kampf um die Liebe, geschehen werden!
Was ihr in eurer Gedankenenergie erzeugen werdet, könnte sich langsam aber beständig, zu eurer Realität materialisieren. Ist es denn das, was ihr euch wirklich wünscht?
Wir bitten dich, nutze deine Macht kontrollierter und zielorientierter.
Frage dich stattdessen lieber: „Wie wünsche ich mir den Verlauf und die Entwicklung meiner Beziehung"?
Die Liebe selbst kann und wird dir niemals wehtun oder dich verletzen. Einzig deine Erwartungshaltung, negative Gedanken, Befürchtungen und dein mangelndes Vertrauen in dich und deine Liebe, vermögen das zu können. Beginne damit, hier in dich und uns zu vertrauen...und lasse alle Wunder der Liebe ganz einfach geschehen.
Seid ihr alle, bevor ihr euch auf die Welt begeben habt, die pure Liebe selbst gewesen und hat euch die weltliche Energie dann plötzlich einer anderen Lehre, des Kampfes um die Liebe, unterzogen, dürft ihr in dieser Verbindung lernen, dass es hier die Liebe in Hülle und Fülle für euch gibt. Somit dürft auch ihr auf einmal eure Liebe zeigen, leben und in Hülle und Fülle ungeniert weitergeben.
Auch dies ist ein wichtiger Prozess, der ein wesentlicher Teil eurer Lernaufgabe, in einer vermenschlichten Seele, beinhaltet.
Ein Erlauben dieser Liebe ist, sich den Himmel auf die Erde zu holen. Diese Liebe ist leicht, einfach und unkompliziert und erreicht damit den Status der göttlichen Liebe, ohne Bedingungen, Ansprüche, Erwartungen, Verpflichtungen und bestimmten Voraussetzungen.
Begegnet sie dir in diesem Maße, scheinst du bereit für die Einzigartigkeit dieser Liebe und wir bitten dich, lasse deine Ängste los und fallen und gestatte es dir selbst, diese Liebe in Dankbarkeit und Achtsamkeit anzunehmen und zu lieben.

Mit dieser Liebe seid ihr ein Geschenk für all die, die ihre Liebe noch in Sehnsucht leben und immer noch Suchende sein mögen.
Seit bereit für eure Öffnung und Erweiterung eures Geistes und eurer Energie...wir sprechen und fühlen mit dir und durch dich. Deine Geschenke an uns sind unsere Geschenke an dich.......*Die LIEBE!!!*

Liebes-Rituale

Manche Menschen verlaufen sich auf dem Weg der Suche und des Findens nach der wahren Liebe so sehr, dass sie sogar gewillt sind, den Willen einer anderen Seele brechen zu wollen und somit beherrschen zu wollen.
Leider gab und gibt es bis heute noch eine solche Form und Art der Unterdrückung und Machtaneignung.
Diese Rituale sind hochwirksam und greifen in die Energie einer anderen Seele ein. Damit ist das Abkommen eures Seelenplans und eurer Verabredungen auf unnatürliche Weise beeinträchtigt worden.
Ein grausamer Kampf der Energien zweier Seelen beginnt und hier wird und kann es niemals einen Gewinner geben.
Ja, die Liebe ist für das Erdenleben elementar und überlebenswichtig. Doch wer sich die Liebe einer Seele zurückholen möchte und für immer behalten möchte und einen solch unnatürlichen Weg dafür wählt, verabschiedet sich mit diesem Schritt von der wahren und echten Lieben.
Mit einem Liebesritual verbündet ihr euch mit den dunklen Mächten eurer erlernten und angeeigneten, niedrigen Energien.
Nichts wird so werden wie ihr es euch ursprünglich gewünscht und vorgestellt habt. Nichts bindet sich hier mehr unter dem Schutz und der Macht eurer führenden und liebenden Energiewesen.
Mit diesen Ritualen schließt ihr den Pakt mit eurer immerwährenden Sehnsucht nach der wahren Liebe. Diese Sehnsucht lässt euch immer hungrig nach der wahren Liebe werden. Selbst dann, wenn ihr damit den Partner eurer Sehnsucht an eurer Seite verbuchen dürft, werdet ihr stets fühlen müssen, dass nur seine physische Anwesenheit euch beehrt. Die Ebene der wahren Liebe, wird euch vorenthalten werden und es hier auch für immer bleiben.

Ein sehr hoher Preis, den ihr in eurer Verzweiflung und Unwissenheit bereit seid, zu zahlen.
Ritualmeister haben in ihrem Seelenplan den Auftrag der Verlockung und der Versuchung übernommen. Ihr braucht die Erfahrung des Schattens, genauso wie die Erfahrung des Sonnenscheins. Wo es einen Tag gibt, muss es auch eine Nacht geben. Nur so könnt ihr euch für die eine oder andere Seite entscheiden. Nur so könnt ihr Erfahren, Erleben und Wissen, wie sich ebenfalls das Gegenteil der Liebe anfühlt. Die Seelen, die sich freiwillig zu solchen Ritualmeistern bereit erklärt haben, wissen ebenfalls, dass selbst bei einer Verfehlung wieder nur die Liebe selbst diesen Fehltritt zu heilen vermag.
Deshalb erklären sich immer wieder auch Seelen bereit, die Energien der dunklen Seite zu vertreten. Um euch dann gegebenenfalls auf diesem Wege auf die wahre Liebe zu allem, was ist erneut aufmerksam zu machen. Kein leichter Auftrag, aber dennoch ein Auftrag in Licht und Liebe. Eine Art Opferung für diejenigen die den Weg in die Liebe, erst durch einen dunklen Pfad finden werden. Aber dennoch mit der absoluten Gewissheit, dass die Liebe alles heilen kann und wird.
Jedoch wird eine Entscheidung auf welcher Seite ihr stehen möchtet, immer euch überlassen sein und akzeptiert werden.
Unabsehbar sind nun die Folgen solch dunkler Rituale für euch.
Seid ihr doch einst die Liebesenergie in ihrer Reinheit und Schönheit selbst gewesen, so habt ihr euch dieser Reinheit und Schönheit mit diesem Augenblick des Rituals, entsagt.
Diese dunkle Macht als Verbündeten zu haben, ist nicht gewollt und erstrebenswert.
Schon in der Geschichte von Adam und Eva und der Versuchung und Verlockung, aufgefordert durch die Schlange, nicht zu widerstehen, zeigt deutlich, dass damit der Fall aus dem Paradies beschert war.

Wir, die wir euch selbst dann unaufgefordert und bedingungslos lieben werden, haben nicht das Recht und die Macht, euch davon fern zu halten.
Eure Entscheidungen, egal welcher Art, werden von uns respektiert und akzeptiert.
Es ist im Grunde ganz einfach...ihr habt euch für einen solchen Schritt eines Bindungs- oder Partnerschaftsrückführungsrituals entschieden und damit unsere Unterstützung, euch in euren Energien zu potenzieren, entzogen. Denn hier handelt es sich um eine unnatürlich hervorgerufene Energie der Bindung. Diese künstlich erzeugten Energien unterliegen keinem Naturgesetz und sie können damit niemals für immer von Erfolg gekrönt sein.
Euer Wunschpartner, dessen Willen ihr mit so einem Ritual gebrochen habt, wird somit immer nur physisch anwesend sein. Zu keiner Zeit werdet ihr das Gefühl der wahren und aufrichtigen Liebe von diesem Partner bekommen. Er kann es euch einfach nicht schenken. Da seine Gefühle künstlicher Natur sind. Ganz im Gegenteil!!! In eurem Zusammensein werden sich permanentes Unwohlsein und ein unbeschreiblicher Widerwille, gegen diese Verbindung, ausbreiten. Hier sind der Kampf, die Wut, der Hass, die Aggression und der Kummer und das Leid ein stetiger Begleiter dieser Verbindung. Langfristig bekommt die Energie der gegenseitigen Zerstörung und Vernichtung hier die Oberhand.
Wir, die wir reine Liebe sind, werden dem Partner, dessen Wille hier gebrochen worden ist, auf allen nur erdenklichen Wegen, den Ausgang aus dieser unnatürlichen Verbindung aufzeigen.
Auch hier sind spontan abgerufene Seelenhelfer der Liebe im Einsatz und zeigen und leben die Liebe in ihrer Reinheit und ihrer Schönheit vor.
So kann und wird kein künstlich erzeugtes Bindungsritual langfristig und dauerhaft wirksam sein.
Wer auch immer dir hier die wahre Liebe und Beziehung mit diesem Partner verspricht, wird ebenfalls erkennen und eines Tages zugeben müssen, dass nur die Liebe in

ihrer wahren und ehrlichen Gestalt, der Sieger für und in all euren weltlichen Belangen sein kann.
Keiner von euch möchte an eine Seele gebunden werden, deren Weg nicht der eure ist.
Liebe bedeutet, Freiheit, Unabhängigkeit und Akzeptanz.
Tue bitte niemals etwas, was auch du nicht für dich selbst als gut und willkommen absegnen könntest.
Hab das Vertrauen, dass wir bei allem was auch immer geschieht, bei dir sind und dass alles was geschieht, immer nur zu deinem Besten ist.
Wir wissen um deinen Seelenplan und wir bringen dir ganz zuverlässig das, was dein Herz begehrt und zwar dann, wenn die Zeit dafür reif ist.
Wir überfordern dich nicht. Wir lieben dich und sind deine kraftvollste Macht, wenn du an uns glaubst, uns vertraust und uns erlaubst, dir die Liebe, die am besten zu dir passt und mit der du verabredet bist, zu bringen.
So werden wir, unermüdlich durch die Kraft der Liebe, auch hier alle beteiligten Seelen in ihrer Heilung und Ganzwerdung unterstützen, lieben und tragen...bis wir alle wieder miteinander vereint sein werden.

Rituale, die weltlicher Natur sind und durchaus ihren Sinn haben.

Das Gesetz der Anziehung besagt, „Gleiches zieht Gleiches an".
Es geht hier somit um ein Gefühl, das von eurem Seelenplan aus gesteuert zu euch kommt, euch übermannt und euch solange begleitet, bis ihr dem Druck nicht mehr standhalten könnt und ihr, passend zu diesen starken Wunschgefühlen, die passenden Gedanken entstehen lasst.
Übersetzt bedeutet das = euer Seelenplan und ihr seid eins miteinander und ihr werdet den dazugehörigen Wunsch und die entsprechende Sehnsucht danach, in euch fühlen. Darauf werdet ihr in Leichtigkeit anziehen, was für euch vorgesehen ist.
Die Vorstellung eurer Wünsche wird zu euren Gedanken, zur Sehnsucht und daraus entstehen der Wille und die Bereitschaft für eure Handlungen. Welche immer mit unsäglichem Erfolg einhergehen werden.
Da eure Vorstellungskraft aber nicht immer ausreichend mit eurer Umsetzung und dem dazugehörigen Mut und eurer Ausdauer und Geduld, für eure Wunscherfüllung, Hand in Hand geht, habt ihr ganz unbewusst und unwissend bereits ganz natürliche und weltliche Rituale in eurem Erdendasein, kreiert.
Wir sprechen hier von Weihnachten, vom Jahreswechsel, von euren Geburtstagen und Namenstagen, vom Sabbat, die Mizwot, dem Ramadan und vielen, vielen mehr....
Nicht alle weltlichen (oder wie ihr sie zu nennen pflegt, „religiösen") Rituale verfolgen den positiven Nutzen und begünstigen das Gesetz der Anziehung zu eurem Vorteil, gleichermaßen.

Aber einige davon sind in der Tat geradezu dafür ausgelegt, euch mit den Regeln und der Gesetzmäßigkeit des Gesetzes der Anziehung, und so auch mit eurer Schwingung (=Resonanz), vertraut zu machen. So lernt ihr unbewusst und auf eine ganz natürliche Art und Weise, euch mit euren unterschiedlichen Schwingungsfrequenzen zu befassen und ihr lernt eure Gefühle dadurch viel besser kennen. Diese Erfahrungen sind dann, wenn es um das richtige Wünschen und um die bewusste Anwendung des Gesetzes der Anziehung geht, von allergrößtem Wert für euch.
Die Erfüllung eurer Wünsche, sprich die Erfüllung eures Seelenplans, ist meist mit einem unbestimmten Zeitfaktor begleitet....
Dieser Zeitfaktor bemisst sich an Hand eures Fortschritts in eurer Lern- und Lebensaufgabe, der Selbst- bzw Eigenliebe und der Liebe zu allem, was ist, ohne Bedingungen, Forderungen und Erwartungen.
Somit werdet ihr in kleinen und angemessenen Schritten, je nach dem Stand eurer Entwicklung, von uns beschenkt und beliefert.
Dies hat den Vorteil, dass ihr zu keiner Zeit in eurem weltlichen Dasein, von uns oder eurem Seelenplan überfordert werden könnt. Alle eure Erfüllungen erfolgen in immer tiefer gehenden Stufen und pflastern so euren Weg eures Seelenplans. So ist euch das vollkommene Ausschöpfen eures Potenzials gewährleistet.
Unwissend dienen eure weltlich erfunden Rituale euch dazu, das Gesetz der Anziehung zu erlernen und zu verinnerlichen.
Jahreswechsel und Geburtstage schenken euch immer wieder die Chance zur Reflektion eures bisherigen Lebens. Darin verstecken sich vielseitige Chancen für Veränderungen oder evtl. impulsartig hervorgerufene Neubeginne. Eine Art Deadline, welche mit einem ganz bestimmten Datum versehen ist, ermöglicht euch ganz gezielt und bewusst, eine gewünschte Lebensveränderung einzuleiten. Unwissend und unbewusst, wendet ihr

damit das Gesetz der Anziehung in seiner für euch vorgesehenen Macht, einfach nur überwältigend perfekt an. Durch die Festsetzung eines Datums, welche mit eurem Willen und eurem Wunsch nach eurer Veränderung, zunehmend an Kraft gewinnt, steigert ihr eure Energien in einen unfassbaren Messwert. Auch wir können hier, bei einer solchen Kraft und Überzeugung, welche von dir zu uns schwingt, unser gesamtes Können unter Beweis stellen. Damit sind alle deine Mächte gleichermaßen aktiv und beginnen, sich in ungeahnte Gefilde auszudehnen.
Dein Wille, dein Glaube, deine Überzeugung, deine Kraft, deine Leidenschaft, deine Vorfreude, deine Leichtigkeit ist unsere Nahrung und in der Umsetzung deiner Wünsche laben wir uns gleichermaßen mit dir an diesen wunderschönen und so erfüllenden Energien. Mit anderen Worten mit eurem festen Ziel und Vorhaben wandelt ihr eure Mangel- und Misstrauensenergie in eure Kraft- und Willensenergie um. Und dafür lieben wir dich gleich nochmal so sehr...
Unser gemeinsamer Tanz, wir mit dir zusammen, darf beginnen!!!
Wir lieben eure weltlichen Deadlines, welche ihr zum willkommenen Anlass erhebt, endlich eure Bereitschaft für eine Anhebung, und damit für eine Verbesserung eurer Lebensqualität, zu erklären.
Ganz egal was auch immer ihr für euch beschließen werdet, unsere Unterstützung und Erfüllung ist euch gewährleistet und absolut versprochen.

Andere Rituale weisen euch auf Dankbarkeit und Demut hin. Manche dienen euch zur Vorbereitung auf eine weitere Stufe in eurem Leben. Eine Art Fortschreiten gemäß eurem Reifeprozess, um euer bis dato Erlerntes jetzt umzusetzen und auch anwenden zu dürfen und zu können.

Viele Tage (s.g. Feiertage) in eurer weltlichen Zeitrechnung, kündigen euch freudige Ereignisse an. Ohne ganz genau wissen zu können, was sich an diesen besonde-

ren Tagen tatsächlich schönes ereignen wird, beginnt ihr damit, euch in eine positive und glückliche Schwingung eurer Energien zu begeben.
Ihr entwickelt Wunschgedanken und lasst sogar vor eurem geistigen Auge die passenden Bilder dazu entstehen. Eure absolute Gewissheit und euer fester Glaube, dass diese Tage stattfinden werden und, dass diese Tage mit Harmonie und Freude beschert sein werden, lassen nicht den geringsten Zweifel oder eine Unsicherheit in euch entstehen.
Diese vorfreudigen Ereignisse, auf deren Kommen und Eintreffen ihr euch tage-, wochen-, monate- und manchmal jahrelang vorbereitet, sind die Umsetzung des Gesetzes der Anziehung in einer Perfektion und Ausgereiftheit, wie man es besser nicht beschreiben könnte.
In welchem Ausmaß oder Umfang ihr dann beschenkt oder beliefert werdet, hängt einzig und alleine von euren Erwartungen ab.
Seid ihr zu sehr in der Prägung der weltlichen Energie gefangen, sind eure Erwartungen auch leider dementsprechend niedrig.
Erlaubt ihr euch aber, in die vollkomme Verbindung eurer Schöpferenergie zu gehen, werdet ihr Großes erwarten wollen und dürfen.
Warum wollt ihr nur ein Stück des Kuchens erwarten, wenn euch aber doch der ganze Kuchen versprochen ist und euch zusteht?
Bei der Wunscherfüllung eurer Liebe und eures Wunschpartner verhält es sich ebenso.
Wenn eure weltlichen Programme euch zu sehr beherrschen und eure Erfahrungen in der Liebe euch so sehr in der Verbundenheit mit dem Kampf um die Liebe geprägt haben, erwarten die meisten von euch auch hier nur ein Stück des Liebeskuchens.
Ihr wählt unbewusst die Zufriedenheit und nicht das Glück in seiner Vollkommenheit.
Wir möchten euch dazu auffordern, von den Sternen zu träumen und nach ihnen zu greifen.

Sonst werdet ihr es eines Tages vielleicht bereuen, dass ihr nicht mutig genug gewesen seid, die wahre Vereinigung der Liebesenergien zu erwarten und danach zu greifen.
Eure weltlichen Rituale zeigen euch die richtige Vorgehensweise und die richtige Umsetzung dafür auf.
So lassen eure Gedanken und eure Erziehung nicht den geringsten Zweifel in euch entstehen, dass z.B. Weihnachten (oder andere religiöse Anlässe) auch wirklich stattfinden werden. Ihr richtet euer Verhalten gemäß dem Anlass entsprechend aus. Eure Vorbereitungen auf diese Tage sorgen für eine zuverlässige Gewissheit in euch.
Ja, einige von euch sind der Meinung, dass man das Gesetz der Anziehung erst lernen muss. In Wahrheit war es, ist es und wird es bis in alle Ewigkeit immer unter euch sein. Ob wissend oder unwissend, euer ganzes Leben lang lebt ihr eure Verbindung zu uns schon immer und das, seit es Leben für euch gibt.
Jetzt und ab diesem Moment könnt ihr dieses Wissen, und damit eure Macht, auch in der gewünschten Liebe zu eurem Seelenpartner anwenden und umsetzten
Seid gewiss und glaubt an die Liebe, erwartet die Liebe in Vollkommenheit. Bereitet euch in eurer Erwartung und Vorfreude darauf vor. Bleibt leicht und unbekümmert, dass der Tag der Zusammenkunft für euch kommen wird. Dann braucht ihr nur noch mit weit geöffneten Sinnen in eurer Bereitschaft dafür, die Beziehung eures Lebens, in Dankbarkeit, entgegenzunehmen.
Sie ist euch so gewiss, wie es euch eure Sehnsucht danach aufzeigt. Niemals hättet ihr ein Gefühl der Sehnsucht nach etwas ganz bestimmtem in euch, wenn es euch nicht erfüllt werden wird.
Gerade die Sehnsucht ist es, die euch eine absolute Gewissheit dafür garantiert, dass ihr alles, wonach sich euer Herz sehnt, zu 100% bekommen werdet. Wir erlauben uns keine Scherze mit dir und schicken dir ein starkes Gefühl nach Zweisamkeit, wenn sie dir nicht auch bereit

stehen würde. Dazu ist unsere Liebe zu dir viel zu groß, um dich in Form von Impulsen und bestimmten Gefühlen, hinters Licht führen zu wollen. Du bist ein Teil von uns und wir sind ein Teil von dir. Die Liebe ist es, was alles miteinander verbindet und vereint. Sie alleine besitzt die Kraft, alles für dich entstehen zu lassen und in deinem Leben als (für dich augenscheinlich) real, erleben und leben zu lassen.

Karma = ein ebenfalls gültiges Naturgesetz.

Ein ebenfalls gültiges Naturgesetz ist das Karma:
Es besagt: was du säst, musst du ernten!

Wann auch immer du dir die Liebe einer anderen, evtl. nicht für dich bestimmten Seele, über einen unnatürlichen Weg aneignest, wird dir diese Liebe nicht nur wieder genommen werden, du wirst darüber hinaus mit dem Gesetz des Karmas Bekanntschaft machen dürfen.
Ein Samen, der gesät wird, ist in aller Regel sehr winzig. Doch was daraus entstehen kann und wird, ist dann das Karma.
Wer Hass sät, wird (leider) Hass ernten!
Wer Neid sät, wird (leider) Neid ernten!
Wer andere betrügt, wird (leider) selbst betrogen werden!
Eure niedrig erlernten Energien, wie Neid, Eifersucht, Hass, Wut, Missgunst, und viele mehr....können einen Samen bilden und euch dann mit einer Ernte, deren Ausmaß evtl. nicht mehr überschaubar ist, überfallen und fast erdrücken.
Da der Wunsch nach der Liebe so groß ist und das Vertrauen in die Erfüllung so klein, kommt es vor, dass ihr manchmal damit beginnt, auch anderen ihr Liebesglück zu missgönnen.
Ein wahrer Widerwille gegen die Liebe und gegen andere Verbindungen in der Liebe, breitet sich immer mehr in euch aus.
Wir, die wir nur durch dich sehen und fühlen können, bekommen eure niedrigen Energien als eure Wunschenergien mitgeteilt. Umgehend beginnen wir dich damit anzureichen und dich dementsprechend zu beliefern.
Dein eigentlicher Wunsch nach deiner großen Liebe und Erfüllung, rückt damit in weite Ferne.
Jetzt befinden wir uns gemeinsam in einem Hamsterrad der immer widerkehrenden Belieferung deiner niedrigen, schweren Energien.

Aus deinem Samen des Neids, sind wir gezwungen, deine Neidenergie zu vervielfältigen.
Aus deinem Samen der Wut, sind wir gezwungen, deine Wutenergien zu vervielfältigen.
Dein wahrer Wunsch nach der Liebe bleibt uns unerschlossen.
Mit jeder Vertiefung, in deine niedrigen Energien, wird die Belieferung von uns angereichert und mehr und mehr daraus gemacht.
Ein Betteln und Flehen um Hilfe und Erlösung, zeigen uns über deine weltlichen Sinne und über deine niedrigen Energien, deinen immer mehr werdenden Mangel, auf.
Irgendwann ist uns nur noch der Blick auf deinen Mangel und auf deine Trauer angezeigt und mit deinem Gefühl der Hilflosigkeit und Machtlosigkeit vereint. Wir gehen davon aus, dass dieser Zustand ein willkommener Zustand für dich ist und wir dir, in der Vermehrung deines Zustandes, den größten Liebesdienst erweisen dürfen.
Nur durch eine sofortige Umkehr in die Liebe, in die Leichtigkeit, in die gewünschte und ersehnte Fülle deines Gemüts, dürfen auch wir unsere Lieferung an dich austauschen und erneuern.
Leider finden die meisten von euch erst durch den Prozess der absoluten Erschöpfung, der völligen Aufgabe ihrer Person, ihres Willens, ihrer Wünsche und Hoffnungen und des Unglaubens an alles und jeden, in ihre Umkehrphase zurück. Erst in dieser Phase eurer angenommenen und akzeptierten Machtlosigkeit, verlieren eure sehr sehr schweren und dunklen Energien an Kraft und Widerstand.
Eure Kapitulation in eurer (nur augenscheinlich) aussichtslosen Situation, ermöglicht uns, dich wieder in die positiven, hellen und leichten Energien zu katapultieren. Ihr würdet es als eine Art von „Reset“ bezeichnen.
Ein Loslassen von diesen belastenden und schwermütigen Energien findet satt. Erst jetzt und nur damit wird euch ermöglicht, euch wieder in die ersehnte und erfüllende Energie eurer Wünsche zu führen.

Jetzt sind die Türen und Tore zu uns, auch von eurer Seite, wieder weit geöffnet.
Auf deinem Seelenvertrag befinden sich Lösungen und Auswege. In deinem „Ruhezustand“ beginnen wir sofort damit, dir diese Lösungen anzutragen und dir dadurch deine guten Gefühle in dein Leben wieder zurückzuholen. Wir tragen dich ganz liebevoll wieder auf die Sonnenseite deines Lebens.
Auch diese Erfahrungen sind dir dienlich und sorgen dafür, dass dir damit der Weg in deine Lern- und Lebensaufgabe aufgezeigt wird. Der einzige Grund, warum du dich einer menschlichen Hülle bedient hast, ist, den Weg zu gehen, der dir die Erkenntnis über deine Vollkommenheit gewährt und ermöglicht. Unsere Aufgabe ist es, dich in deine Selbstliebe zu führen und mit jeder negativen Erfahrung soll sichergestellt werden, dass du dieser/deiner Eigenliebe näher gebracht wirst.
Hier kannst du abermals deine unvorstellbar große Macht erkennen, die du mit deiner Menschwerdung von deiner Geburt an in dir trägst.
Es liegt in deiner Entscheidung und in deiner Hand, für welche Energien du dich entscheiden möchtest. Du ganz alleine trägst die Verantwortung für deine Entscheidungen. Wir sind dein treuester Diener und verfolgen stets das eine Ziel, dass dein Abenteuer Leben mit allergrößtem Erfolg gekrönt sein soll!

Wie ist unsere “Zeichen“ - Sprache für dich zu deuten?

Solltest du in deinem Leben mal einen falschen Weg eingeschlagen haben, welcher sich absolut nicht auf deinem Seelenplan befindet, haben wir den Drang und die Aufgabe, dich über bestimmte Zeichen und Gefühle zu einer Umkehr zu bewegen.
Da wir dich nicht über deine gewohnte Sprache erreichen können, werden wir dir ununterbrochen, sehr klare und eindeutige Zeichen zukommen lassen.
Diese Zeichen sind nicht nur im Außen zu finden. Wir bescheren dir darüber hinaus auch Botschaften über deine Träume und deine Gefühle.
Doch leider, werden wir genau hier, in der Übermittlung unserer Botschaften, sehr oft missverstanden oder gar nicht erst wahrgenommen.
Um für eine bessere und klarere Verständigung zu sorgen, möchten wir dir die Art und Weise unserer Mitteilungen/Zeichen, hier näher bringen.
Ihr Menschen seid im Besitz eines Verstandes, der ebenfalls über eine unermesslich große Aufnahmekapazität verfügt. Euer Gehirn ist mit euren Computern vergleichbar und besitzt die Fähigkeit, alles was bewusst oder unbewusst wahrgenommen worden ist, abzuspeichern und zu lagern.
Man könnte es mit einem Raum vergleichen. Ihr werdet geboren und im Gepäck eures Zellkörpers befindet sich lediglich die Liebe und ganz bestimmte, überlebensnotwendige Urinstinkte. Hingegen ist euer Raum = Gehirn leer und besitzt noch keinerlei Einrichtung.
Im Laufe eures Heranwachsens und Fortschreitens in eurem Leben, füllt sich euer Raum = Gehirn mit Wissen, was sich durchaus mit einer Inneneinrichtung vergleichen lässt, welche ihr Erfahrung, erlernte Technik, Strategie, Wissen, System, Anpassungsprogramm, Erziehung, Glaubenssätze, Regeln, schlicht gesagt, Überlebensmuster, nennen würdet. Diese Möbel in eurem Verstand, er-

scheinen euch sehr real und auch sehr überzeugend zu sein. Viele versuchen euch sehr glaubhaft, vorzumachen, dass ein harmonisches Miteinander nur mit all diesen (irgendwann mal erstellten und entworfenen) Regeln, möglich wäre. Und dennoch wird es immer wieder Seelen geben, die auf ihrem Seelenplan den Mut, diese erlernte Form des Zusammenlebens nicht einfach so gedankenlos zu übernehmen und das Alles doch auch mal zu hinterfragen, geschrieben haben.
Mit ihrer selbsterwählten Aufgabe, euren weltlichen Systemen tapfer entgegen zu treten, durchlaufen sie meist sehr viele schwere und auch unschöne Phasen. Doch da es auf ihrem Seelenplan verankert worden ist, entstehen daraus, wenn sie dann an ihrem Ziel angelangt sind, zumeist sehr anerkannte Persönlichkeiten, Wissenschaftler, Visionäre, Philosophen, Künstler, Schriftsteller uvm...
Diese Seelen folgen, trotz all der Hürden, die ihnen von eurer Gesellschaft in den Weg gestellt worden sind, bedingungslos und beständig, dem Ruf ihres Herzens.
Nicht anders verhält es sich bei der Suche oder der Findung nach eurem Seelenpartner.
Auch hier gibt es noch sehr viele unter euch, die an ganz bestimmten weltlichen Mustern festhalten. Nur, spätestens jetzt, wenn es um die Liebe geht, kommt ihr mit allen euren weltlichen Programmierungen nicht mehr weiter.
Was in anderen Bereichen eures Erdenlebens sehr gut funktionieren mag, wird euch bei der Liebe und bei euren Beziehungen untereinander, nicht sehr hilfreich sein. Im Bereich der Liebe bleibt euch nur euer Gefühl, als Indikator für ein Widererkennen und damit für eine Übereinstimmung eures Seelenplans.
Ganz genauso verhält es sich bei unseren Botschaften für dich. Niemals könnten wir Einfluss auf euren möblierten Gehirnraum nehmen, da sich hier eure weltlichen Energien gespeichert haben. Wir können aber Einfluss auf euren Herz-Raum nehmen und hier, über eure Gefühle, mit euch in Kontakt treten.

Dazu ist ein ganz bestimmter Zustand, von eurer Seite her, erforderlich. Ihr würdet diesen Zustand als Tagträumerei oder auch als gedankenlosen Zustand bezeichnen. Ebenfalls sehr geeignet sind eure Einschlaf- und Aufwachphasen. Denn in diesem etwas „verlorenen" Zustand, begebt ihr euch in eine andere Frequenz mit euren Energien. Hier sinkt ihr in eure Basisenergien hinein. Damit stehen alle Tore, für unsere Antworten und Botschaften, die du mit Fragen und Bitten an uns herangetragen hast, weit offen.
Über für euch sehr wahrnehmbare Körpertemperaturunterschiede (Gänsehaut, Wärmeanstieg), leichte Zuckungen oder minimalste ruckartig unkontrollierbare Bewegungen eures Körpers, finden die Anbindung und der direkte Kontakt zwischen euch und uns nun statt. Blitzartig auftauchende klare Bilder (nur für Bruchteile von Sekunden), vor eurem geistigen (u.U. geschlossenen) Auge oder selbst klare Worte, die du in diesem Moment nicht im Entferntesten denken wolltest oder konntest, sind Antworten oder Botschaften für dich, von uns. Gleichermaßen beliefern wir euch, und hier sehr oft noch viel klarer und verständlicher, über eure Träume. Bitte uns einfach um sehr klare und eindeutige Träume, vor dem Einschlafen. Bittet darum, dass ihr euch am anderen Tag auch daran erinnern wollt. Ihr könnt und dürft euch dann auf uns verlassen. Wir bringen euch zur rechten Zeit, sehr klar deutbare Botschaften, in euren Träumen (sowohl auch in euren Tagträumen oder Meditationen).
Anstrengung und Angespanntheit, jetzt ganz bewusst etwas von uns hören oder gezeigt bekommen zu wollen, lässt euch aber leider sofort wieder in eure weltlichen Energien kehren.
Deshalb bitten wir euch, diesen Zustand, der euch an eure Basisenergien anbindet, zu erlernen, bewusst zu trainieren und zu üben. Ganz besonders dann, wenn ihr eure volle Macht ausschöpfen wollt und ihr das Bedürfnis nach einem selbstbestimmten Leben in euch verspürt

und der Drang, nach einer Veränderung in eurem Leben, in euch heranwächst.
Natürlich sind wir darüber hinaus auch noch in der Lage, euch im Außen, über eure Mitseelen, eure Seelenhelfer, selbst über Ereignisse und bestimmte Erlebnisse, sogar über eure Musik und eure Medien, euch ebenfalls sehr klare und eindeutige Mitteilungen zu überbringen.
Hier werden wir ganz bestimmte Szenen für dich, immer und immer wiederholen. Ein und das Selbe Wort, das mit eurer Frage und dem Weg eures Seelenvertrages einhergeht, wird sich euch buchstäblich aufdrängen. So wird euch z.B. gerade wenn es um die Liebe und die Frage, wann und wo ihr eurem zukünftigen Seelenpartner begegnet, ständig das Wort „Liebe“ oder „Partnerschaft“, förmlich anspringen. Mehr und mehr habt ihr eindeutige Begegnungen mit der Liebe und das über alle nur erdenklichen Wege. Ihr trefft Paare, die in einer harmonischen Beziehung sind. Freunde erzählen euch von einer Begegnung oder ihrer neuen Liebe. Wo immer und wann immer es uns möglich ist, werden wir dir die Botschaft über Ankunft deiner bevorstehenden Liebe, sehr sichtbar für dich machen.
Oder auf die Frage: “ist die Seele, die mir jetzt begegnet ist, auch tatsächlich meine Seelenverabredung?“, wirst du, wenn es um ein „JA“ geht, sehr häufig dessen Namen hören. Oder es begegnen dir andere Mitmenschen, die diesem Seelenpartner ähneln und dich dadurch sofort an deinen Seelenpartner erinnern werden....
Nichts geschieht aus purem Zufall. Unsere Vielfältigkeit unserer Art der Übermittlung unserer Nachrichten, die wir euch zukommen lassen möchten, sind geradezu grenzenlos und unerschöpflich....
Bedenke, das Ziel ist es, dich und deinen Seelenpartner zur rechten Zeit und am rechten Ort zu vereinen. Damit wir einen unermesslichen Anstieg, im Energiefeld der Liebe, zu Gunsten all eurer Mitseelen, positiv verbuchen dürfen. Denn unser Bestreben ist es, eine Wandlung der weltlich erlernten und angeeigneten Energien, wieder in

eure Basisenergien zu wandeln. Nur so wird eines Tages die Welt und das Leben auf Erden von reiner Liebe und Harmonie geführt und dominiert sein.
Jeder von euch, der sich dem Auftrag der Liebe, in all seinen Handlungen und Bemühungen, bedingungslos verschreibt, reichert das Energiefeld der Liebe und damit uns alle, die wir alle mit allem verbunden sind, unermesslich weiter an. Bis wir alle, wie einst vor eurer Menschwerdung, und so auch dann auf Erden, wieder miteinander vereint sein werden....
Vernimmst du unsere Wahrheit, egal ob in Wort oder Schrift, wirst du sofort einen Schauer, der über deinen Körper rieseln wird, fühlen. Ein Gefühl des Kribbelns und der Wärme in deiner Magengegend, möchte dich umgehend darauf hinweisen, dass wir es sind und dass du nun in direktem Kontakt mit uns bist. Ein sofortiges Wohlfühlen, und ein evtl. Lächeln, das du nicht willentlich gesteuert hast, möchten dir sagen: „Ja, das ist deine Wahrheit, dein Seelenplan, dein Seelenpartner. Du hast uns vernommen und wir danken dir von ganzem Herzen dafür“.
Immer wenn wir uns das Vergnügen erlauben, in dir und durch dich zu Sein, empfindest du das Gehen wie auf einer Wolke. Schwerelosigkeit, Leichtigkeit, Unbekümmertheit, Mut und Tatendrang, Vorfreude und die pure Lebensfreude sind dein zuverlässigster Indikator, dass du den Weg deiner Seele gehst und wir in Harmonie und in der dauerhaften Beständigkeit, bei dir sind und dich ganz liebevoll führen.
Je freier, je vertrauensvoller, je gelassener du diesem/deinem Zustand des Glaubens an uns und an unsere Führung schenkst, desto unbeschwerter und leichter ist es für uns alle. Damit entspricht eure Verfassung eurer Perfektion. Eine Flut eurer Geschenke, die gut verpackt in eurem Seelenkoffer darauf warten, von euch ausgepackt zu werden, wird euch jetzt regelrecht überschwemmen und bereichern. Jetzt dürft ihr nur noch eines, die Wunder in eurem Leben, mit offenen Armen in Empfang nehmen...und euch dieses Glücksgefühl und

alle diese Wunder auch selbst erlauben und all das in Dankbarkeit geschehen lassen, was jetzt für euch abgerufen worden ist.
Kompliziert wir es immer nur dann für dich, wenn du deinen Gefühlen misstraust. Wenn du sie missachtest. Wenn dein Glaube an die Menschlichkeit und Weltlichkeit dominiert. Ja, dann bleiben dir die Wege verschlossen.
Auch diese Verschlossenheit ist sehr deutlich erkennbar für euch. Die verkehrten Wege oder die missverstanden Zeichen und Informationen von uns, lassen all eure Vorhaben sehr mühevoll und sehr anstrengend in ihrer Umsetzung erscheinen. Ein permanenter Kraftaufwand ist hier von euch gefordert. Besser bekannt ist euch vermutlich dieses Gefühl des stetigen Kampfes. Eure Energien lassen langsam aber beständig nach. Eure Ressourcen gehen langsam aber sicher zu Ende.
Das Leben und ganz besonders die Liebe scheint dann kein Spiel mehr für euch zu sein. Eure Misserfolge lassen euch des Lebens müde werden. Die vollkommene Erschöpfung wird euch dann tatsächlich irgendwann zur Aufgabe eures Irrweges zwingen.
Zurück bleiben leider dann die s.g. negativen Erfahrungen in eurem Gehirn als gültiges Programm verankert. Das erschwert euch aber leider, zukünftig anstehende Entscheidungen klar zu treffen, egal in welchem Bereich, ungemein. In zunehmendem Maße wirst du durch mehr und mehr Negativerlebnisse mit der Frage des Vertrauens und des Glaubens penetriert.
Wem oder was sollst du denn jetzt dein uneingeschränktes Vertrauen und deinen bedingungslosen Glauben schenken? Deinem Verstand oder deinem Herz-Gefühl?
Wir bitten dich sehr, lass zur Überprüfung dieser Frage bitte nochmal das ein oder andere Negativ- Erlebnis in deiner Erinnerung auftauchen. Sicher ist dir dieser Satz: "Ich hätte auf mein Gefühl hören sollen", oder „Ich wusste/fühlte, dass das nicht gut gehen wird", mehr als nur bekannt.

Solltest du aber dennoch nicht genau wissen, wem oder was du jetzt Glauben und Vertrauen darfst, dann fragen wir dich ganz einfach: „Wer, glaubst du, erkennt deinen Seelenpartner?“
Wird es dein Verstand sein oder deine Seele?
Wer oder was entscheidet sich während deiner Einkäufe für die Dinge, die dir lieb und wichtig sind?“
Wird das dein Verstand für dich entscheiden oder deine Seele?
Wer oder was entscheidet sich dafür, etwas zu vergeben, sich zu versöhnen, sich zu lieben, sich zu wollen..u.v.m.?
Die aller wenigsten deiner Entscheidungen entspringen einer Logik deines Verstandes!
Denn wäre dem so, würden Singlebörsen funktionieren!
Dann würdet ihr euch alle nur vollkommen gesund verhalten und ernähren!
Dann gäbe es auch keine Religionen, Regime, keine Politiker, keine Anführer und keine Kriege!
Denn für alle eure weltlichen Reglementierungen, gibt es im Grunde eures Herzens und in der Tiefe eurer Seele keine Logik.
Euer Verstand wählt den Weg des Krieges und des Kampfes (rein rational!)aus. Während euer Herz und eure Seele eurem Verstand, den Wunsch nach Frieden und Harmonie mitzuteilen versuchen.
Die richtige Reihenfolge, welche wir uns so sehr für euch wünschen würden wäre, dass euer Verstand dem Impuls und dem wahren Gefühl eures Herzens und eurer Seele nachgeht. Denn damit erlaubt ihr euch in eurer wahren Macht zu sein und auch so zu handeln.
Euer Herz und eure Seele würden sich nie und nimmer für die Gewalt aussprechen. Herz und Seele sind die Gewalt völlig fremd.
Es ist euer Gefühl, und damit eure Seele in ihrer wahren Ursprungsenergie, welche nach Harmonie dürsten.
Unbewusst wählt ihr nur leider selten den Weg der Liebe, um euren Durst zu stillen. Unglücklicherweise unterliegt ihr dem Irrglauben, dass sich die Harmonie unter euch

Erdenwesen nur durch den Kampf untereinander erzeugen lässt.
Welch traurige aber leider sehr wahre Tatsache!
Denjenigen unter euch, die des Kämpfens müde sind, zeigen wir parallel auch Wege in die richtige Richtung auf. Nur über die Wahrnehmung und Anerkennung unserer Zeichen und Botschaften, können wir dir die wirklich wesentliche Richtung aufzeigen.
Stärke deinen Glauben und dein Vertrauen und schenke uns damit dein Gehör und die uneingeschränkte Vielfalt unserer Möglichkeiten, dich auf den rechten Weg deiner Seelenvereinbarungen zu führen, zu begleiten und damit letzten Endes auch zu beschenken.
Es liegen so viele viele unzählige Geschenke für dich bei uns bereit. Doch das wichtigste und bedeutendste aller Geschenke ist, und wird es immer sein, die Liebe.
Die Liebe zu dir und damit zu jedem einzelnen von euch.
Folge den Brotkrumen unserer Botschaften und du wirst schon sehr sehr bald auch die Liebe an deiner Seite willkommen heißen dürfen und in der Zweisamkeit leben können.
Sobald dir die Liebe, egal auf welchem Wege und vollkommen egal in welchen Bereichen, entgegen tritt, schenke dieser Botschaft deine Anerkennung. Vorfreude und Dankbarkeit, dass es jetzt dann bald soweit ist, beschleunigen deine Lieferung ungemein.
Ja, erlaube dir, wie ein Kind zu lachen, dich zu freuen, zu tanzen, zu jubeln und zu feiern. Denn deine Liebe kommt mit jeder Botschaft der Liebe jetzt immer näher und näher zu dir.
Liebe dich selbst und du bist der stärkste Liebesmagnet, den es jemals überhaupt gegeben hat, geben kann und jemals wieder geben wird.
Sei kindlich und ausgelassen. Denn selig (= hoch energetische Liebesenergie) sind eure Herzen, wenn sie vor Freude und Liebe überfließen.

Transformation!

Was genau verstehen wir unter einer Transformation?
Warum kommt es überhaupt zu einer Transformation?
Was passiert mit euch dann und woran werdet ihr eure Transformation erkennen?

Eine Transformation ist eine Anpassungsphase eurer Seele, für ein Tiefer - Vordringen auf eurem Seelenvertrag.

Bis hierher seid ihr von uns über die Abmachungen und Abläufe mit uns, was euren Seelenplan und eure Seelenverabredungen betrifft, aufgeklärt worden.
Unsere Aufklärung hat soweit für die Klarheit über unser Vorgehen und unsere Möglichkeiten, wie genau wir unsere Verbindung zu dir nutzen, gesorgt.
Neu dürfte hier für euch sein, dass eure Seelenverträge in ganz bestimmte Stufen eingeteilt sind.
Zu keinem Zeitpunkt in eurem Leben werdet hier von uns oder euren eigens getroffenen Vorhaben und Abkommen überfordert.
In sehr behutsamen Schritten werdet ihr, für ein Tiefereindringen eures Seelenvertrages, von uns gut vorbereitet.
So werden euer Leben und die darin integrierten Seelen, in auserwählten und zeitlich perfekt abgestimmten Rhythmen, für gelegentliche Veränderungen sorgen.
Eine ganze Zeit lang mag euer Leben mal einfach so dahin plätschern und bei dem ein oder anderen unter euch, wird sich der Genuss des perfekten Lebens breit machen. Der Wunsch, dass alles für immer genauso bleiben darf, gesellt sich zur Angst vor einer evtl. Veränderung.
Da es sich bei eurem Erdenleben aber um ein Abenteuer handelt, würde eine Kontinuität mit größter Wahrscheinlichkeit für eine baldige Langeweile sorgen.

Es sind die Veränderungen, die euch herausfordern und für Erfahrung, Stärke und Weisheit sorgen.
Eure Angst vor plötzlichen Veränderungen kommt daher, dass ihr Suchende und Nichtwissende und Nichtglaubende seid.
Doch nur wer stetig sucht, wird irgendwann fündig werden können. Ohne die Veränderungen in eurem Leben, würdet ihr starr und unbeweglich werden.
Als ihr noch Kinder gewesen seid, war das Leben für euch genau das, was es sein sollte, ein einziges Abenteuer. Eure unbändige Neugier, euer Tatendrang und euren Wissensdurst haben jegliche Angst vor einer Veränderung sofort im Keim ersticken lassen. Ihr seid zu allem bereit gewesen und habt die Sicherheit, mit uns verbunden zu sein, als das, was es ist, nämlich ein Netz mit doppeltem Boden, sehr gut wahrgenommen und ausgeschöpft. Nur sehr wenige von euch würden heute, beim Laufen lernen, nach zwei- bis dreimal Hinfallen, überhaupt noch den Mut haben, erneut wieder aufzustehen und es immer und immer wieder zu versuchen. Und gerade dieses Beispiel zeigt aber ganz deutlich, dass ein Mensch, der nicht bereit ist, Veränderungen und gewählten Lernprozessen gegenüber sehr aufgeschlossen zu sein, bis heute vermutlich immer noch nicht laufen könnte.
Erst durch die Einschränkungen eurer weltlichen Dogmen, konnte die Angst Einzug halten und geht somit leider, zunehmend fühlbar für euch, mit euch dann Hand in Hand. Und ganz plötzlich beginnt ihr damit, in Veränderungen etwas Schlechtes zu sehen.
Eure Erinnerung an uns schwindet mehr und mehr. Der Verlust eures Glaubens und eures Vertrauens in euer gewähltes Abenteuer, beginnt damit, euch Sorgen und Probleme zu machen. Wo einst die pure Lebensfreude und Neugier euch sehr wissbegierig machten, finden sich Befürchtungen und Starrsinn wider.

Und dennoch, und gerade deshalb, gibt es ja euren Seelenplan. Welcher die Aufgabe in sich birgt, ununterbrochen für Erneuerung zu sorgen.
Ist der Zeitpunkt für ein Tiefervorstoßen in eurem gut gepackten Seelenkoffer für euch gekommen, werden eure Seele und eure Emotionen eine Transformation erfahren dürfen.
Vorne weg zeigen sich die Veränderungen in eurem Leben zuerst im Außen, dass eine Transformation jetzt, in eurem Inneren, für euch ansteht.
Ohne euren Glauben und euer Vertrauen, dass alles was auch immer geschieht, nur zu eurem Besten geschieht, werdet ihr nicht immer gleich etwas positives in dieser Veränderung erkennen können. Somit sind wir auf niedrige, schwere und dunkle Energien von euch gut vorbereitet und werden hier nicht unsere Vermehrung davon an euch zurücksenden. Stattdessen beschäftigen wir uns in dieser Phase mit eurer Transformation (Verwandlung).
Deine Seele und alle deine Systeme werden auf das Neue und Schöne, das jetzt zu dir kommen darf, vorbereitet.
Eine dir bisher unbekannte und vermehrte Müdigkeit und Schlappheit, sorgen bei dir für ein erhöhtes Schlafbedürfnis. Deine Träume zeigen dir möglicherweise Kämpfe oder ein unterbrochenes Flüchten vor etwas oder irgendjemandem an. Evtl. finden sich darin auch Verstorbene oder ein schmerzhafter Tod von dir oder einer dir lieben Seele wider. Dies liegt daran, dass jeder von euch sein ureigenes Energiefeld besitzt. Natürlich ist euer Energiefeld auch mit den Feldern der anderen Seelen verbunden und in Resonanz damit. Während wir mit eurer Transformation beschäftigt sind, kann es in dieser Zeit sehr leicht passieren, dass sich in euren Träumen die Ereignisse und Erfahrungen aus euren vergangenen Leben zeigen. Da ihr in sehr vielen Leben schon mit den Seelen, die es auch in diesem Leben gibt, Verbundenheit und Gemeinsamkeit teilt, können sich solche Ereignisse miteinander vermischen und für eine große Verwirrung in euch sor-

gen. Und so lassen sich so manche Träume für euch einfach nicht mehr deuten oder in irgendeiner nachvollziehbaren Weise mit den Erfahrungen in eurem jetzigen Leben in Einklang bringen. Diese unerklärbaren Träume brauchen dich aber nicht im Geringsten zu ängstigen. Vertraue darauf, dass alles, wenn auch nicht in diesem Leben, so doch in einem voran gegangenen Leben, seinen Sinn hatte und sein darf, was jetzt ist.

Auch sehr viele verwirrende und unklare Gedanken während des Tages können deinen Tag begleiten und sorgen zusätzlich für den Wunsch nach Schlaf und Erholung und vor allen Dingen nach der Sehnsucht von Gedankenpausen.

Dieser Zustand kann, je nach deiner Vereinbarung mit uns, sehr heftig und dafür aber nur von kurzer Dauer sein, oder länger anhaltend und nicht ganz so ausgeprägt von statten gehen.

Häufig kommt es euch so vor als hätten wir euch verlassen und ein unangenehmes Gefühle der Leere, der Trauer und der Einsamkeit kann euch überkommen.

Der Grund für all diese Veränderungen in dir und um dich herum ist von Seele zu Seele sehr verschieden.

Möglicherweise steht eine Veränderung mit deinem Seelenpartner an und die damit einhergehende Auflösung der bis dato gültigen Seelenpartnervereinbarung. Ihr werdet damit auf das Loslösen eurer Verbindung vorbereitet. Eine damit einhergehende Trennung soll euch leicht fallen und euch auf eure neue Art der Freiheit vorbereiten. Mit dem dazugehörigen Austausch und einer neuen Verschmelzung mit einem anderen Seelenpartner, der jetzt für dich bereit ist und über deinen erweiterten Herz-Raum von dir aktiviert worden ist. So können neue Begegnungen oder neue Verbindungen ein weiteres sehr klares Indiz für eure Transformation sein.

Möglicherweise erreicht eure Beziehung aber auch eine Anreicherung eurer Verbindung. Eure Liebe darf in ein größeres Tal der Liebe eindringen. U.U. verhält sich einer von euch beiden dann sehr merkwürdig. Ein unerklärbares, plötzlich auftretendes Distanzbedürfnis sorgt für eine zusätzliche Verwirrung. Beide Seelen können sich dieses Gefühl, welches mit dem Bedürfnis nach einer Trennung einhergeht, zunächst überhaupt nicht erklären. Eine Sehnsucht nach Ruhe und nach dem Rückzug in ein anderes Leben, erschwert zunächst eure Liebesverbindung. Dennoch sagt euch ein Impuls, ganz tief in eurem Inneren, dass dieser gemeinsame Weg noch nicht zu Ende gegangen sein kann. Denn eine Trennung ist nicht im Geringsten angedacht für euch. Diese Art der Transformation fordert euch nur erneut heraus, eure Einzigartigkeit eurer Liebe neu, und damit schöner denn je, erfahren und erleben zu dürfen. Man könnte es als eine Art von Sturm oder Gewitter beschreiben. In eurer Verbindung fehlte möglicherweise das Bewusstsein für eure Liebesenergien für einander. Durch diese Art der Wandlung, dürfen und können beide Seelen ihre ungeheuer starke Verbindung miteinander, in einer bisher so noch nie erlebten und erfühlten Tiefe, neu erleben. Alles wird nach eurer überstandenen Transformation danach nur noch viel inniger, leidenschaftlicher und sehr viel wahrhaftiger sein, als es jemals davor der Fall gewesen sein mag. In dieser gemeinsamen Transformationszeit, ist es ungeheuer wichtig, sich gegenseitig den benötigten Raum zu schenken. Ebenfalls die Akzeptanz mit dem bedingungslosen Vertrauen, dem Gegenüber sein merkwürdig unerklärbares Verhalten, ohne Vorwurf, zuzugestehen und es zu tolerieren. Ein sich Auflehnen und sich Dagegenstellen, wäre in dieser Zeit geradezu kontraproduktiv und würde die Transformationszeit unnötig verlängern. Auch hier ist es erneut die beste Zeit, dich deiner Lern- und Lebensaufgabe, dem verinnerlichen deiner Selbstliebe, anzunähern.

Möglicherweise ist aber jetzt auch der richtige Zeitpunkt für das Ausschöpfen deiner mitgebrachten Begabungen angedacht und deine Arbeitssituation muss dich zu einer Veränderung zwingen. Dies wird dir dann sehr klar mit einer Problematik am Arbeitsplatz gespiegelt und wieder-

gegeben werden. Auch hier wirst du auf ein Fortschreiten deines Seelenvertrags, über evtl. unüberwindbare und zunehmend erschwerte Situationen, auf deine bevorstehende Veränderung und Wandlung, aufmerksam gemacht werden. Situationen, die dich, durch unsere Fürsorge für dich, zum Umdenken und damit zu einer Veränderung bewegen soll.
Möglicherweise steht in deinen gesundheitlichen und körperlichen Belangen, eine Heilung für dich nur an, wenn du ganz bestimmte Veränderungen annimmst, statt dich dagegen permanent wehren zu wollen.
Ein Wehren oder Nichtannehmen eurer neuen Aufgabe, auf die ihr sehr liebevoll über eure Transformation vorbereitet worden seid, wird euch euer Erdendasein nur unnötig erschweren und euch zunehmend mehr mit Hürden und Hindernissen belasten.
Was auch immer der Grund dafür sein mag, es wird eine Zeit kommen, in der du den Sinn dieser Veränderung, ganz klar für dich erkennen wirst. Spätestens dann werden sich eine tiefe Dankbarkeit für diese Veränderung und auch für die Seelen, die mal weniger nett und mal überraschend angenehm daran beteiligt waren, in dir ausbreiten.
Dein erhöhtes Bedürfnis nach Ruhe und Entspannung, möchte dich zu einer veränderten Sichtweise auf all diese Ereignisse auffordern.
Deine Träume zeigen deine Erneuerung an. So auch ebenfalls deine Angst vor dem Neuen und Unbekannten. Altes darf gehen, Neues darf begrüßt werden.
Deine Stimmungsschwankungen sind wie der Herbst und der Winter und möchten dir ein Bewusstsein für den kommenden Frühling und den Sommer schenken. Euer Gefühl der Wertschätzung und Dankbarkeit für das Schöne und Bedeutungsvolle in eurem Leben, werden inniger und wertvoller sein, als es euch bis zu dieser Veränderung möglich gewesen wäre.
Sobald ihr eure Transformation überstanden habt und wir sicher sein können, dass die Transformation für eure

veränderte Sicht auf euch, euer Leben und ganz speziell auf eure Art, zu lieben, gesorgt hat, werdet ihr auf den Berg der Sonne, der Sterne, der Freude, der Liebe, des Reichtums, der Gesundheit und eurer völlig neu erwachten Lebensfreude katapultiert werden.
Neue, wunderschöne Seelenverabredungen stehen bereit. Die Erfüllung eurer Berufung ist geebnet. Wohlstand und Reichtum können euch finden. Heilung und Gesundheit sind euer Lohn für die angenommene und überstandene Transformation, sowohl in eurem Inneren als auch in eurem Umfeld.
Alle Geschenke in eurem Seelenkoffer liegen zum Auspacken für euch bereit. Einzige Vorrausetzung war und ist es, dass ihr eurer Lern- und Lebensaufgabe, während eurer Transformation, ein ganzes Stück näher gekommen seid.
Liebt euch selbst so, wie ihr es von anderen erwartet, geliebt zu werden!!!
Ist die vollkommene Selbstliebe erlernt, sind eure Transformationen für immer überstanden.
Liebt ihr noch immer mehr im Außen, wird die nächste Transformation anstehen dürfen. Aber keine Sorge, wir sind immer bei euch und führen und begleiten euch in Liebe und Licht bis zu der Verinnerlichung deiner Selbstliebe und damit der Beendigung deiner Lebensaufgabe.
Dein Universum ☺

Der wahre Grund eurer Menschwerdung und damit eure einzige Aufgabe ist es die

Selbstliebe

für euch zu entdecken und zu erleben!

So unendlich viele Fragen über den Sinn eures Lebens kommen bei uns an. Ganz besonders dann, wenn euch in eurem Leben alles so sinnlos erscheinen mag und ihr augenscheinlich mit ständigen Veränderungen konfrontiert werdet.
Die Vorstellung, dass ihr euch wirklich und wahrhaftig, ganz freiwillig, dafür entschieden haben sollt, scheint einige von euch sehr zu überfordern.
Was könnte nur der Grund für all das hier sein?
Warum muss ich immer wieder durch das Tal der Dunkelheit schreiten?
Was hat das alles denn bitte für einen Sinn?

Es gibt tatsächlich für alles, was euch auch immer geschehen mag, in eurem Leben, einen tieferen Sinn und all deine Erfahrungen, Begegnungen und Erlebnisse haben ihren Grund.
Kurz bevor du dich von uns reinen Energiewesen verabschiedet hast, war dir das Spiel des Lebens vollkommen klar. Schließlich hast du es schon sehr viele Male gespielt und dir dafür sehr viele unterschiedliche Seelenpläne zurechtgelegt. Immer warst du aufs Optimalste, für jede deiner Rollen vorbereitet. Mal hast du das Spiel besser gespielt und alles für dich in den vollsten Zügen ausgeschöpft. Mal wolltest du eine Helferseele und ein Wegweiser für andere sein. Mal hast du es vorgezogen, dich durch die Abgründe des Lebens zu bewegen, um auch diese Erfahrung kennenlernen zu dürfen und somit für dich nutzen zu können.
Doch nicht in einem einzigen deiner vielen Leben warst du jemals von der Macht des Universums (von uns) ab-

geschnitten und alleine. Immer standen wir dir treu und beständig zur Seite. Wir führten dich immer auf deinem gewählten Seelenweg und stupsten dich über Zeichen und Botschaften, ganz sanft, aber kontinuierlich in deine Lern- und damit in deine Lebensaufgabe hinein.
So simpel es auch klingen mag, die Selbstliebe ist der einzig wahre Grund für euer Erdenleben. Diese galt und gilt es in jedem eurer Leben zu suchen, zu finden und zu verinnerlichen.
Habt ihr doch auf Grund eurer äußeren Zwänge das Bewusstsein über eure Einzigartigkeit, über eure Schönheit und über eure Schöpferkraft, immer wiederkehrend verloren und damit sehr häufig nicht zu eurem besten Wohle genutzt und voll ausgekostet.
Euer Glaube und euer Vertrauen, dass ihr ein Teil des Ganzen Großen seid, befinden sich immer wieder aufs Neue auf einem Prüfstand. Ihr würdet diese Prüfung als Hürde, als Problem, als Sorgen, als Krankheit, als Trauer oder vielleicht sogar als Einsamkeit bezeichnen.
Den Schlüssel für die Lösung eurer Prüfung sucht ihr mit großer Anstrengung, und manchmal sogar mit großer Verzweiflung, in euren Mitseelen und in euren Situationen.
Wenn sich euer Seelenpartner nur endlich so verhalten würde, dann wäre doch alles in bester Ordnung!
Wenn ihr nur endlich genügend Geld, euren Traumjob, euren Traumpartner..usw. hättet, dann wäre euer Leben endlich in der Harmonie und ihr könntet glücklich sein!
Die wahren Wunder, mit eurer sehr eingeschränkten Sicht auf eure Situationen, werden meist übersehen. Dabei liefern wir euch kontinuierlich und beständig Beweise für eure/unsere Schöpferkraft.
Mag der Winter auch noch so hart und lange sein für euch, so ist euch eines dennoch immer Gewiss. Der Frühling kommt bestimmt und mit ihm auch das Zwitschern der Vögel. Alles erblüht in neuem Glanze und beginnt, völlig ungehindert des vergangenen Winters, wieder neu zu erwachen, zu wachsen und zu gedeihen.

Würdet ihr die Schönheit des Frühlings wirklich ausreichend erkennen können, ohne den vorangegangen Winter?
Wie könnt ihr also nicht an uns/euch glauben...
Kummer und Schmerz dienen euch immer dazu um euch auf einen neuen Abschnitt eures Lebens vorzubereiten. Der Weg in die wahre Liebe wird immer durch euch durchführen. Niemals wird oder kann er um euch herum führen. Erst eine eigens gefühlte Emotion ist eine erlernte Emotion!
In ganz bestimmten Rhythmen, ganz ähnlich dem Rhythmus der Jahreszeiten, steht das Erlernen vielfältiger Emotionen für euch an. Ohne euren Kummer wüsstet ihr die Freude nicht zu würdigen. Ohne euren Schmerz in euch wüsstet ihr das Gefühl der Freiheit nicht zu würdigen. Ohne Vergänglichkeit würdet ihr nicht immer wieder nach der einst erlernten und gefühlten Freiheit, Liebe und der Harmonie in euch streben. Damit würde euch die Sehnsucht nach dem erneuten Erleben der wahren Liebe fehlen.
So hat das Alles, was euch geschieht, einen wahrhaftigen Sinn.
Erst eure Bewertungen für eure Situationen führen euch in das Chaos eurer Gefühle. Ihr neigt dazu, die Dinge stets negativ zu bewerten, zu beurteilen und damit euch selbst zu **verurteilen.** Eure Urteile dehnen sich unkontrolliert weiter aus und nehmen euch den Raum für die Sicht auf eure Situationen. Eure eingeschränkte Sichtweise lässt euch blind für eure Entscheidungen werden.
Ungeachtet der wahren Liebe für Alles, was ist, wagt ihr euch, zu bewerten, was schön ist, was liebenswert ist, was eure Liebe verdient hat und was nicht!
Ihr beginnt, euch selbst zu verlassen in dem ihr euch mit euren Mitseelen vergleicht. Und über das Vergleichen hinaus eure Bewertungen, und letzten Endes auch eure Urteile über andere, fällt.
Doch wer über andere urteilt, wird selbst in ständiger Angst leben müssen, beurteilt, und damit verurteilt, zu

werden. Alle Anteile, die ihr selbst in euch tragt, ladet ihr damit ganz unbewusst in euer Leben ein. Wie in eurem Inneren, so auch in eurem Äußeren!
Wer entscheidet denn, was euch liebenswert macht und ihr somit (augenscheinlich) auch die Liebe von all euren Mitseelen verdient habt? Oder wer entscheidet denn, was euch nicht liebenswert sein lässt und ihr somit mit einem Liebesentzug bestraft werden müsstet?

Schließe deine Augen und höre in dich hinein...stelle dir die Frage selbst: Wer entscheidet das für oder über dich? Wer bist du überhaupt?
Halte deine Augen weiterhin geschlossen und fühle in dein Herz: Wer bist du?
Ja, du selbst bist es, der dies entscheidet!
Du selbst bist vom rechten Weg deiner Schöpferkraft abgekommen, indem auch du urteilst.
Jedes gefällte Urteil ist jedoch zugleich auch ein Urteil bzw. eine Verurteilung deiner Seele.
Seid ihr alle doch wie ein Tropfen im Ozean und ohne die ganzen Tropfen wäre ein Meer des Ozeans überhaupt nicht möglich.
Erst ihr alle bildet diesen Ozean und macht das Leben auf Erden erst möglich und zugleich reich und vollkommen.
So ist jeder von euch das Schönste und Vollkommenste....das überhaupt existiert. Wir müssen das schließlich wissen, denn jeder von euch ist auch ein Teil von uns und damit reinste Energie. Und wir sind in euch, durch euch und mit euch!!!
Nehme deine Situation als gegeben an. Wehre dich nicht dagegen, sondern frage dich nach dem höheren Sinn darin. Sei bereit, die Verantwortung für deine Situation in dir zu suchen. Sobald du für die Übernahme deiner Verantwortung und damit deiner eigens geschaffenen Situation bereit bist, kann und wird sich ein Wandel in dir vollziehen. Verantwortlich zu sein, bedeutet nicht länger, ein Opfer der Situation bleiben zu müssen. Verantwortung

bedeutet, die Macht zu haben. Über diese/deine Macht werden sich somit auch dein Kummer und dein Schmerz in dir wandeln können. Wirst du bereit sein, für das Annehmen deines Anteils an der Situation, werden sich nicht nur dein Kummer und dein Schmerz in dir wandeln dürfen, du wirst darüber hinaus auch noch auf eine ganz besondere Energie in dir stoßen und damit auf die wahre Macht deines Wesens – **deine Herzenergie!!!**

Ohne deine Herzenergie gäbe es keine Gedankenenergie. Ohne deine Gedankenenergie, würde nichts entstehen oder gedeihen können.
Der Ursprung all deiner Energien, liegt deiner Seele, und damit deiner Verbindung mit uns, zu Grunde.
Impulse, die direkt aus deiner Seele, und somit von uns, kommen, sorgen über deine Herzenergie für eine sehr laute und kräftige Stimme in dir.
Erkennen wirst du uns immer durch und über deine Gefühle der Liebe, der Leidenschaft, der Lust, der Harmonie, der Glückseligkeit, der Freude, des Lachens, deiner Hingebung, deiner Leichtigkeit und deiner Sehnsucht, all diesen Impulsen und Eingebungen in dir, folgen zu wollen bzw. zu müssen.
Unsere Impulse rufen in dir deine Lebendigkeit und deine Lebensfreude wach.
Impulse, die direkt in deine Gedankenenergie überfließen und dir Bilder, Träume und Visionen bringen.
Du spürst in dir eine Aufgewecktheit, welche dich derart beflügeln und antreiben wird, dass es dich schmerzen würde, diese Bilder, Träume und Visionen jetzt nicht in deinem Leben umzusetzen und damit in deiner Realität begrüßen und nutzen zu können.
Die Angst vor der Umsetzung deiner Träume gerät vollkommen in den Hintergrund und du kannst jetzt nur noch eines denken, wie schön wäre es jetzt schon, dich in deinem Ziel-Bild selbst sehen zu können.
Damit bedienst du dich immer wieder deiner Macht, mit uns verbunden zu sein. Wir bringen dir, oft schneller als

du es dir vorstellen kannst, alle deine Helfer, die dich bei deiner Umsetzung bedingungslos unterstützen werden. Wir führen dich zur rechten Zeit an die rechten Orte. Wir beginnen damit, dich über alle möglichen Kanäle, die du uns zur Verfügung stellst, dich mit Hinweisen, Wegweisern, Botschaften und Zeichen zu überschwemmen.
Dein Wunsch nach dem Ausleben deines Seelenplans, ist uns Befehl, wir haben dich über deine Sinne und deine positive Energiefrequenz sehr gut verstanden und somit ist dir deine Wunscherfüllung garantiert und du darfst deinen Wunsch als von uns erledigt und umgehend geliefert betrachten.
Dies ist die Art unserer Zusammenarbeit, die wir uns für uns alle wünschen. So kann und wird alles recht schnell geschehen können.

II

Doch was passiert, wenn deine Angst und dein Unglaube an uns und an dich selbst, dich in eine negative Erwartungshaltung verdammen?

Auch hier werden wir dir, über deine Seele, sprich über deine Herzenergie, in Form von positiven Bildern und Vorstellungen und beschwingten Gefühlen, wohltuende aber dennoch sehr starke Impulse, zukommen lassen.
Sollten aber langfristig deine Angst, dein Unglaube und dein mangelndes Vertrauen hier die Oberhand gewinnen, werden sich damit leider auch deine Energiefrequenz und damit auch deine Wunschbestellungen, die du bei uns aufgegeben hast, verändern. Uns bleibt in diesem Fall gar nichts anderes übrig, als dich natürlich auch damit zu beliefern und deine niedrigen Energiefrequenzen im Tiefgang zu vermehren.
Deine Kreativität sinkt ab. Gedanken und Wege für Lösungen und für Veränderungen sind vollkommen blo-

ckiert. Mehr und mehr bewegst du dich in der Spirale deines Lebens nach unten.
Jetzt gilt es, deinen Erschöpfungszustand und damit das Aufgeben deines Kampfes mit dir selbst, abzuwarten und geduldig zu sein. Sehr häufig räumen wir dir in dieser Phase Zeit für dich ein, indem wir dir harmlose Krankheiten schicken. Krankheiten, die dir zwar keinen Schaden zufügen, aber dich dennoch zwingen, in eine Gedankenpause gehen zu müssen. Wir sorgen für kleine Beschwerden, die dir richtungsweisend sein sollen. Wir wiederholen unseren Sendungen und unter Umständen verstärken wir auch deine Symptome, um dich wieder in die Bereitschaft deiner Veränderung zu bewegen.
Du siehst, selbst Krankheiten und Beschwerden haben ihren Sinn und kommen nicht einfach völlig grundlos zu dir.

Und was genau hat das jetzt alles mit deiner Selbstliebe zu tun?

Das ist ganz leicht:
Eine Seele, die ihre wahre Macht, ihre wahre Schönheit und ihre wahre Vollkommenheit für sich erkannt hat und sich genau so, wie sie ist, bedingungslos liebt, wird sich immer und immer in ihren Basisenergien aufhalten. Sie wird sofort erkennen und fühlen, wann sie sich von ihren Basisenergien entfernt hat und wird dann alles daran setzen, umgehend und unaufgefordert für sich selbst zu sorgen, um sich damit wieder in ihre Basisenergien befördern zu können.
Wenn jeder von euch für sich selbst ganz fürsorglich ist und dementsprechend liebevoll handelt, dann ist für jeden von euch immer gesorgt!
Wenn jeder von euch bei sich und seiner Liebe zu sich bleibt, werden alle geliebt sein!
Wenn es euch gelingt, eure Mitseelen endlich nicht mehr als getrennt von euch zu betrachten, sondern ebenfalls

als ein Teil eurer selbst, werdet ihr euch von allen Bewertungen, Vergleichen und Verurteilungen frei machen wollen und euch endlich so sehen können, wie ihr geschaffen seid – **voller Liebe!!!**

III

Nur eure weltlichen Philosophien verbieten euch, euch selbst zu sehr zu lieben.
Ihr vermutet, im Ausleben und Annehmen eurer Selbstliebe bzw. Eigenliebe eine große Gefahr für eure gesellschaftlichen Dogmen. Ihr befürchtet ein Chaos, dass alles, was ihr euch so mühevoll aufgebaut und auch antrainiert habt, zusammen fallen könnte.
Führer, Religionen und Herrscher würden damit unnütz werden, wenn jeder sich in dem Maße lieben würde, so wie wir euch zu jeder Zeit bedingungslos lieben. Denn keiner von euch bräuchte mehr die Angst vor einem Liebesentzug zu haben.
Nur eure Angst vor einem Liebesentzug oder eure Angst, möglicherweise nicht mehr der breiten Masse anzugehören und damit isoliert zu sein, schränkt euch im Ausleben eurer Eigenliebe so sehr ein, dass ihr unbewusst bereit seid, euch selbst vollkommen zu verlassen und sogar zu verleugnen.
Eine gesunde und festverankerte Eigenliebe, die euch fürsorglich mit euch selbst umgehen lässt, ist nicht zu verwechseln mit "Egoismus".
Egoismus bedeutet, nicht im Sinne der Eigenliebe und damit im Sinne der Nächstenliebe zu handeln.
Die Selbstliebe ist die Art von Liebe, die frei lässt. Sie erwartet nichts und bekommt doch alles. Diese Liebe gibt und nimmt gleichermaßen. Alles befindet sich in einer ausgewogenen Harmonie für alles, was war, was ist und auch immer kommen wird.

Die Liebe, von der wir sprechen, wird an nichts festhalten, mit dem Wissen und der Überzeugung, dass sie ohnehin schon immer alles besitzt und für immer besitzen wird. Alles zu haben und dennoch nichts zu brauchen, ist die wahre Eigenliebe.
Es ist die pure Freude am Dasein. Am dankbaren Würdigen, Anerkennen und Ausleben ihrer Existenz. Ein Gefühl der Freiheit, denn sie kennt keine Grenzen. Alles ist mit allem verbunden und so wie jeder sich wünscht, sein zu dürfen, so wird auch diese Liebe andere sein lassen können, wie sie es sich wünschen, zu sein.
Eigenliebe ist kein Wettbewerb oder ein Marathon. Sie kennt kein Siegen oder Verlieren. Sie ist die Liebe in ihrer reinen und wahren Existenz!
Bewertungen, Beurteilungen, Einschränkungen, oder sogar Verurteilungen sind ihr völlig fremd.
Seinen Mitseelen mit dem würdigen Respekt und der grenzenlosen Toleranz entgegenzutreten, sorgt für ein Leben in Harmonie und Liebe.
Ihr alle, ganz egal wer ihr seid, was ihr tut, von wo ihr kommt und wohin ihr möchtet, habt immer eines gemeinsam. Jede Seele wünscht sich in Frieden und in der vollkommenen Liebe zu- und füreinander leben zu dürfen und zu können.
Versucht nicht, etwas an euch zu binden, das gehen will. Liebt euch dafür, dass ihr ein Teil dieser Verbindung wart und es auch für immer bleiben werdet.
Versucht nicht, etwas gegen den Willen einer anderen Seele erzwingen zu wollen. Denn das würdet ihr auch nicht für euch wollen.
Selbstliebe bedeutet, an sich zu glauben, an uns zu glauben. Das Beste für sich zu erwarten und zu erhoffen, ohne es zu brauchen und zu verlangen.
Diese Liebe glaubt alles, vertraut allem und verzeiht alles.
Mit dieser Art der Liebe entzündet ihr euer Licht in euch. Damit seid voller Wärme und Helligkeit. Durch und mit diesem Licht der Liebe in euch selbst, werden euch eure

Mitseelen und Seelenverabredungen viel besser finden und widererkennen können. Ein Licht, das euch die Magie und den Zauber in euer Leben bringt und aus euch Suchenden Findende machen wird.
Das ist der wahre und einzige Grund, warum ihr euch auf euer Abenteuer Leben eingelassen habt. Das Spiel besteht daraus, den Schlüssel zu eurer wahren Liebe nicht im Außen zu suchen, sondern den Blick in euch selbst zu wenden. Damit ihr erkennen werdet, von welch unschätzbarem Wert jeder einzelne von euch ist.
Das Geben und Nehmen gleichermaßen ist die Nahrung der Liebe für Alles und Jeden. Eure Seelenwandlung von der Dunkelheit zu eurer Erleuchtung, ist mit dem Finden eurer eigenen Vollkommenheit, und damit zu eurer Selbstliebe, vollzogen.
Die Dunkelheit verdammt euch in eure Abhängigkeit der Seelen, deren Licht hell leuchtet. Eine Seele, die den Schlüssel zur Liebe noch nicht in sich gedreht hat, um dann den in sich tragenden Lichtschalter betätigen zu können, wird immer auf eine Seele angewiesen sein, deren Licht bereits entzündet ist. Geht diese Lichterseele wieder, werden die Dunkelheit und die Einsamkeit euch zwingen, eure Suche fortzusetzten. Nichts ahnend, dass auch du diesen Schlüssel für das Geheimnis des Lichtes bereits seit deiner Geburt, fest verankert in dir trägst.
In der Dunkelheit kann keine Liebe existieren, weil ihre Nahrung das Licht ist. Und alles was nicht ernährt wird, verkümmert unweigerlich.
In der Helligkeit hingegen, wächst und gedeiht die Liebe, in unvorstellbare Dimensionen.
Unser Ziel ist es, dass immer mehr und mehr Seelen ihren Schlüssel in sich entdecken und ihren Lichtschalter der Selbstliebe betätigen und für immer in sich verankern.
Das bereits bestehende Energiefeld der Liebe, würde damit mehr und mehr angereichert werden. Durch diese Anreicherung im Energiefeld der Liebe, würde ebenso eine Wandlung für die Seelen möglich sein, die ihren

Schlüssel für ihre Liebe in sich noch nicht entdeckt haben und noch immer Suchende sind.
Eure einzige Aufgabe war und ist und wird es immer sein, die Liebe in euch/für euch selbst zu entflammen. Das ist der wahre und einzige Grund eurer Menschwerdung. Mit dieser Liebe in euch, werden Heilung und Wohlstand in allen Bereichen eures Lebens einkehren.
Das Geheimnis und der Sinn eures Lebens, ist es die Selbstliebe und damit unsere Existenz zu entdecken, anzuerkennen und zu würdigen.
Eure Vollkommenheit, eure Schöpferkraft und die wahre Liebe ist der Ursprung jeglicher Existenz und allen Lebens. So war es, so ist es und so wird es immer sein. Bis in alle Ewigkeit....!!!

Seid bereit, euch selbst so sehr zu lieben, zu schätzen und zu ehren, wie ihr es für den Anderen bereit seid, ihn zu lieben, zu schätzen und zu ehren, alle Zeit!

In unendlicher Liebe und grenzenloser Verbundenheit,

Dein dich ewiglich liebendes Universum ☺

Das gesprochene Wort des Universums ist hiermit beendet!

Die Umsetzung und Anwendung dieser neuen Erkenntnis, werde ich – Sigrid Hornstein – im Anschluss daran übersetzen ☺ ☺ ☺

"Wenn auf der Erde die Liebe herrschte, wären alle Gesetze entbehrlich" ☺
Aristoteles

Hier beginnt mein Fazit!

Sigrid Hornstein ☺

- ***Wie lassen sich diese Erkenntnis und diese Informationen aus dem Universum nun im Leben anwenden?***

- ***Fazit: Meine ganz persönliche Erkenntnis über meine erlebte Situation!***

- ***Wegbeschreibung in die Liebe zu mir!***

- ***Wie kann ich mit der Verinnerlichung meiner Selbstliebe, jetzt meinen Seelenpatner in mein Leben einladen?!***

Wie lassen sich diese Erkenntnisse und Informationen vom Universum, nun auch im wahren Leben umsetzten:

Einer, der wichtigsten Erkenntnisse und Informationen ist, aus meiner Sicht die Tatsache, dass das Universum weder über Augen, noch über Ohren, noch über irgendwelche menschlichen Sinne verfügt.
Man kann und darf sich das Universum somit folgendermaßen vorstellen:
Hinter jedem Menschen bzw. Lebewesen bzw. hinter allem, was existiert, steht ein guter Geist oder eine gute Fee. Dieser gute Geist oder Fee, scheint dann mit uns über eine Art Kabel verbunden zu sein. Über dieses Kabel empfängt unsere gute Fee unsere Gefühle und unsere Stimmung. Über unsere Augen, Ohren und alle anderen Sinne, zeigen wir ihr die Ursache für unsere Gefühle und unsere Stimmung. Über unsere Ohren bekommt die gute Fee unsere Gedankenstimme zu hören. Und was auch immer wir laut oder leise denken und sprechen, hält unsere gute Fee für eine Nachricht bzw. Aufforderung, die an sie gerichtet ist. Was immer wir mit unseren Augen betrachten, betrachtet unsere gute Fee ebenfalls als ein Bild, welches für sie bestimmt ist.
Abgekürzt bedeutet das, dass es für unseren guten Geist keine Realität/Wahrheit gibt.
Wir sind der Überträger unserer Wahrheit und Realität für unser Universum.
Das bedeutet somit, dass es in Wahrheit keine Realität und auch keine Wahrheit für uns Menschen gibt. Wir sind der Schöpfer, der Erbauer unserer Realität und unserer Wahrheit. Was auch immer wir für wahr und real halten, wird zu unserer Wahrheit und Realität werden.
So bekommt der Satz, „achte auf deine Gedanken, denn sie werden zu deiner Realität werden", einen sehr nachvollziehbaren Sinn und Wert für uns.

Man könnte diesen Satz noch um ein vielfaches erweitern, so z.B. „achte darauf, was du betrachtest, denn das wird zu deiner Realität werden“!
„Achte darauf, was du sprichst, denn es wird zu deiner Realität werden“!
Da ein Sprechen, ein Denken oder ein Hören immer auch mit einer Emotion verbunden ist, könnte man es noch viel detaillierter übersetzten:
„Achte darauf was du denkst und was du dabei empfindest, denn deine Gedanken werden zur Realität und deine Empfindungen werden, passend zu deinen Gedanken verstärkt werden“!
Achte darauf, was du sprichst und was du dabei empfindest, denn dein gesprochenes Wort wird zu deiner Realität werden und deine dazugehörigen Empfindungen werden sich ebenfalls vervielfältigen“!
Achte darauf was du siehst und dabei empfindest, denn dein gesehenes Bild wird zu deiner Realität werden und mit deiner dabei entstanden Empfindung potenziert werden“!
Und für mich fast einer der wichtigsten Sätze:
„Achte darauf, wem oder was du deine Aufmerksamkeit und somit deine Energie gibst, denn damit bist du die Nahrung für diese Situation und dieses Ereignis“!

Als ich mir plötzlich über diese ungeheuer wichtigen Erkenntnisse klar geworden bin, machte alles, aber auch wirklich alles, einen Sinn für mich.
Eine Religion gibt es in Wahrheit nicht, denn wir alle sind die Religion…wir alle sind Gott (oder wie immer wir es nennen möchten).
Wir sind der Erbauer unseres Lebens. Wir sind der Schöpfer unserer Situationen. Wir sind der Drehbuchautor unseres eigenen Lebens.
Alles, was es dabei zu beachten gilt, ist, stets auf seine Gefühle und Impulse zu achten. Stets seinen Intuitionen nachzugehen. Stets dem Ruf seines Herzens zu folgen.

Ja, damit machen die Sätze wie:

- Wie im Innen, so auch im Außen!
- Gleiches zieht Gleiches an!
- Dein Gegenüber ist dein Spiegel!
- Wie man es in den Wald hinein ruft, so schallt es zurück!
- Wer anderen eine Grube gräbt, fällt selbst hinein!
- Wie man sich bettet, so liegt man!
- Jeder ist seines Glückes Schmied!
- Ein Unglück kommt selten alleine!
- Der Reiche wird immer reicher und der Arme immer ärmer!
- Alles geschieht dir nach deinem Glauben!
- Usw…

absoluten Sinn.

So viel Wahrhaftigkeit in diesen Sätzen, welche sich in ihren uralten Weisheiten bis heute von Generation zu Generation halten und überliefern ließen. Und leider dennoch unbeachtet und fast ungenutzt ihr Dasein fristen mussten.

Das Gesetz der Anziehung war, ist und wird immer das wichtigste Naturgesetz aller Zeit bleiben.

Wir können uns alles Wünschen und es auch haben, solange es für uns auch auf diesem Wege vorgesehen ist und wir es auf unserem Seelenplan stehen haben. Solange wir auch wirklich daran glauben und überzeugt genug davon sind. Solange wir dem Ruf unseres Herzens folgen und wir alles, was wir tun aus Liebe und Leidenschaft tun.

Denn wir wurden mit der besten Navigation der ganzen Welt und des gesamten Universum ausgestattet. Mit dem Gefühl der Liebe. Solange wir unserem Gefühl der Liebe folgen, befinden wir uns auf unserem Seelenplan und alle unsere Wünsche werden uns auch erfüllt.

Dabei zu beachten ist nur noch ein nicht gerade unwesentliches Detail. Die Lern- und Lebensaufgabe, uns selbst zu finden, zu erkennen und zu lieben.
Denn solange wir uns selbst nicht lieben werden, werden wir auch keinen anderen lieben können. Solange wir uns selbst nicht lieben, werden wir nie die wahre Kraft und Schönheit der Liebe erfahren können. Solange wir uns selbst nicht lieben, wird uns auch kein anderer lieben können.
Und so ist gerade diese eine Antwort aus dem Universum, in Bezug auf die Findung des Seelenpartners und dem Wunsch nach der Erfüllung der Liebe in einer weltlichen Beziehung, von höchstem Nutzen für uns alle.
Um es auf den Punkt zu bringen:
Haben wir unsere Hausaufgaben gemacht, sprich unsere Selbstliebe gefunden und verinnerlicht, achten wir darüber hinaus auf unsere Gedanken, Worte und angetragenen Geschichten, folgen wir dem Ruf unseres Herzens, werden wir erstmalig unsere wahre Liebe auf allen Ebenen erfüllt bekommen und erleben/leben dürfen.
Hm..das hört sich gerade schwerer an, als es tatsächlich ist.
Denn wer wirklich in der Liebe zu sich selbst ist, wird seinen Ohren keine grausamen Geschichten mehr zukommen lassen. Wird seinen Augen nur noch die Schönheit und Vielfalt der Dinge, die ihm selbst Freude bereiten, zeigen. Derjenige wird seine Gedanken in das gewünschte Ziel steuern und darauf ausrichten. D. h. erneut, hinter der Selbstliebe hat sich das Dominospiel der Wunscherfüllungen ganz allgemein versteckt.
Die Liebe zu uns und zu unserer Vollkommenheit, ist der Stein, der alles zum Rollen bringen wird. Stößt man diesen an, werden sich alle anderen Themen in unserem Leben mit einer bisher ungewohnten Leichtigkeit, und der damit verbunden Freude in uns, lösen lassen.
Leider sind für diese Erkenntnis häufig sehr viele Erfahrungen in eine andere Richtung wichtig. Denn erst wenn wir wirklich satt sind von Schwierigkeiten, von Proble-

men, von der Einsamkeit, von dem stetigen Misslingen vieler Liebesbeziehungen, werden wir dazu bereit sein den Blick in uns zu richten. Erst wenn wir dem Menschen begegnet sind, der unser Herz in einer noch nie dagewesenen Art und Weise berührt hat, werden wir alles dafür geben, diese Liebe auch leben und genießen zu können. Erst dann sind wir bereit dazu, nach innen zu hören und zu schauen.
Haben wir einmal oder mehrere Male erkennen und erfahren müssen, dass eine Liebe sich durch unser zu sehr Wollen und zu sehr Festhalten wieder verflüchtigt hat, sind wir endlich bereit, die Verantwortung dafür bei uns zu suchen.
Haben wir sehr bitter und schmerzhaft erfahren müssen, dass Wut, Hass und ein gewaltsames Festhalten an etwas oder irgendjemandem nicht den gewünschten Erfolg mit sich bringen, sind wir bereit aus dieser Verzweiflung endlich umlernen zu wollen.
Die Lösung für alle gescheiterten oder unglücklichen Beziehungen, wird immer, wirklich immer, nur die Verinnerlichung unserer Selbstliebe sein können.

Mein ganz persönliches Fazit über meine Geschehnisse und die Erklärung über das "Warum"!

Wie ich eingangs bereits beschrieben habe, gab es in meinem Leben eine Zeit, die mich für Momente an nichts und niemanden mehr haben glauben lassen.
Von Kindheit an hatte ich ganz bestimmte Fähigkeiten, die sich alles andere als dienlich, ja sogar eher als hinderlich, erwiesen haben welche mir meine sehr schmerzhafte Trennung von meinem Partner, nicht ersparen konnten.
Sicherlich hat jeder Mensch seine eigene tragische Geschichte in irgendeinem Bereich seines Lebens.
Dennoch, oder vielleicht gerade deshalb, möchte ich euch hier von meiner Geschichte erzählen. Denn ganz wichtig erscheint mir hier, zu erklären, dass es bei jeder noch so großen Tragik und Krise (= kommt aus dem griechischen „krisis" und beutet: Veränderung) in unserem Leben, einen ganz bestimmten Grund dafür gibt.
Wir alle können Ereignisse und tragische Situationen einfach besser verstehen und annehmen, wenn wir das "Warum" begreifen. Selbst wenn sich eine Erklärung für unsere Erlebnisse nicht immer gleich und sofort zeigt.
Ebenfalls sehr wichtig ist mir, euch zu sagen, dass alles, was uns auch immer widerfahren ist oder noch widerfahren wird, immer nur zu unserem Besten ist.
Es gibt eine Energie, die wir zwar nicht sehen, riechen, schmecken oder anfassen können, die uns aber dennoch, sehr klar, eindeutig und vollkommen treu und beständig zur Seite steht.
Erst unser Vertrauen und unser Glaube daran, lässt uns mit dieser Energie in Verbindung treten. Erst dann steht sie uns zu unserem bewussten Gebrauch und als treuester Diener an unserer Seite. Nur mit unserer Bewusstheit über ihre Regeln und Gesetzmäßigkeiten, können wir sie endlich auch zu unserem optimalen Vorteil nutzen. So

wie sie von Anfang an für uns und für alles, was ist, vorgesehen war und ist.

Was mir widerfahren ist, war also niemals ein Zufall. Für all das habe ich mich entschieden und zwar lange bevor ich mich vermenschlicht hatte.
Nicht nur ich alleine habe mich dafür entschieden. Es gab und gibt unendlich viele Helferseelen, Seelenverwandte und Seelenpartner, die alle ihren Teil zu dem Gelingen, meines Seelenplans beigetragen haben und es weiterhin tun werden.
Sicher war eine solche Sichtweise auf die über mich herein stürzenden Ereignisse, für mich damals schlicht und ergreifend unmöglich. Viel zu groß war der Schock. Viel einfacher und naheliegender waren für mich die Schuldzuweisungen an meinen Ex-Mann.
Meine Opferrolle, machte es mir sehr leicht, überhaupt nichts tun zu müssen. Ein Opfer kann nichts dafür und bekommt darüber hinaus auch noch die volle Aufmerksamkeit und natürlich auch Mitleid...ohne Ende.
Doch leider, bzw. Gott sei Dank, hält die Zuwendung des Mitleids nicht ewig an. Nach einer gewissen Zeit waren alle der Meinung, dass ich doch jetzt wieder nach vorne schauen sollte. Ich war aber nicht bereit nach vorne und damit in meine Zukunft, zu schauen.
Unter allen Umständen durfte das Alles doch nicht wahr sein und schon gleich gar nicht wahr bleiben.
Was alle um mich herum schon längst erkannt und gesehen hatten, nämlich, dass diese Trennung eine Trennung für immer sein sollte, konnte und wollte ich einfach nicht wahrhaben.
Es war eine grausame Zeit der Selbsterniedrigung, voller Schmerz, unerträglichem Kummer und Leid. Wobei ich mir selbst wohl am allermeisten leidgetan habe.
Betrogen und belogen zu werden, ist wirklich sehr hart und absolut vernichtend für ein Weiterleben im Vertrauen und in der Liebe.

Einfach Alles, an was ich bisher geglaubt hatte und worauf ich vertraut hatte, war mir mit einem einzigen Wimpernschlag genommen worden.
Wie nur sollte es denn bitte für mich weitergehen?
Es gab überhaupt keine Diskussion, dass unsere beiden Kinder bei mir leben werden. Und somit lautete die Frage: „Wie, in aller Welt, sollte es denn jetzt mit uns dreien weitergehen"?
Doch es ist schon sehr merkwürdig, denn es geht tatsächlich immer irgendwie weiter. Denn in all diesen Veränderungen verbargen sich zeitgleich auch sehr viele Geschenke und Wunder.
Jetzt wirst du dich sicher fragen, wo genau denn darin meine Geschenke, meines Seelenplans, versteckt waren?!
Also, beginnen wir ganz von vorne:
Mein Mann und ich waren immer ein starkes Team und es war wirklich so, dass wir unsere Energien immer miteinander gebündelt hatten. Ohne Wenn und Aber! Getreu nach dem Motto: Zusammen sind wir stark und unbesiegbar☺.
Im Hintergrund jedoch schlummerten immer meine Fähigkeit, meine Begabung und damit verbunden auch meine Berufung. Bis dato konnte und wollte ich meine Gabe überhaupt nicht leben, beachten oder gar anerkennen und würdigen.
Ganz offensichtlich stand und steht das Ausleben meiner Gabe aber auf meinem Seelenplan. Heute sehr klar, weiß ich, dass ich mich mit sehr vielen Seelen, welchen ich mit meiner Gabe dienlich sein kann, verabredet hatte. Von mir aus hätte ich diese Aufgabe aber niemals übernommen oder wäre geschweige denn auf die Idee gekommen, dass ich irgendjemandem damit hilfreich sein könnte. Dazu fehlte mir definitiv der Mut.
Zum Zweiten war auch ich bis zu diesem Zeitpunkt eine Suchende, welche ihre Lern- und Lebensaufgabe noch nicht gefunden und schon gleich gar nicht verinnerlicht

hatte. Im Gegenteil, von meiner Selbstliebe schien ich weiter entfernt gewesen zu sein, als jemals zuvor.
Welche Möglichkeiten boten sich meinem guten Geist, dem Wächter meines Seelenvertrags, mich auf den rechten Weg, und damit eine Stufe tiefer auf meinem Seelenplan zu führen?
Es musste eine dramatische Veränderung eingeleitet werden, welche sowohl das Finden meines Berufungsweges, als auch das Finden meiner Liebe zu mir, beinhalten würde.
Mein Mann (meine wunderbare Helferseele), hatte einen sehr guten Verdienst. Ganz offensichtlich hatte er in unserer Seelen-Abmachung leider die Rolle des Bösewichts übernommen. Denn auf Grund seines schlechten Gewissens hatte er mich und die Kinder finanziell, so gut er es nur konnte, unterstützt und ist uns damit sehr ergeben und großzügig zur Seite gestanden. Diese Tatsache war mein Geschenk Nummer 1!

In der besagten Nacht, in welcher mir dieses Licht erschienen ist, hat (mit dem Wissen von heute) ganz offensichtlich die nächste Stufe meines Seelenplans begonnen. Denn ab dieser besagten Nacht änderte sich für mich auf einmal alles. Ganz speziell mein Gefühl und meine Sicht auf meine Situation, war jetzt eine andere. Viel freier und zuversichtlicher bin ich danach gewesen. Und es taten sich plötzlich Wege auf, mit denen ich im Traum nicht gerechnet hätte. Diese Erscheinung war mein Geschenk Nummer 2!
Durch die Trennung begann auch eine ganz natürliche Auslese der Menschen, mit denen ich mich sonst überwiegend abgegeben und umgeben hatte. So ist Raum und Platz um mich herum entstanden und es konnten neue Seelen an meine Seite kommen. Seelen, die mir wohl sehr viel hilfreicher für meinen zukünftigen Weg sein werden, als es die ehemaligen, bisherigen Seelen hätten jemals sein können. Merkwürdig war es, dass sich diese natürliche Auslese vollkommen schmerzfrei und leicht

angefühlt hat. Woran sich heute sehr klar ableiten lässt, dass ein Austausch der Seelen, wenn gemeinsame Wege zu Ende gegangen sind, in Leichtigkeit und Harmonie stattfindet. Dieser Austausch war mein Geschenk Nummer 3!
Die Zeit damals war sehr chaotisch für mich und manchmal konnte ich den schnellen Veränderungen, kaum Schritt halten. Genau dies schien aber der Weg in meine Berufung gewesen zu sein.
Was ich aber, bei all dieser Geschwindigkeit, die das Universum an den Tag zu legen schien, für mich (damals) sehr merkwürdig gefunden habe war, dass ich zunehmend mehr und mehr Menschen begegnet bin, die ebenfalls über ganz außergewöhnliche Begabungen verfügten. Die s.g. Spiritualität, rückt derart in mein Leben, dass mich Freude und Angst gleichermaßen heimsuchten.
Ohne (damals) für mich erkennbaren Zusammenhang, kamen die Menschen, die genau wie ich es war, im Kummer, im Leid und in einer Traurigkeit gefangen waren, mehr und immer mehr in mein Leben. Zum allerersten Mal machte ich mit dem Gesetz der Anziehung Bekanntschaft. Gleiches zieht Gleiches an .... Noch verborgen, Geschenk Nummer 4!
Doch nicht nur ich ganz alleine, mit meiner Schwingung und meiner Resonanz, hatte darauf wohl einen Einfluss ausgeübt. Irgendeine sehr deutlich fühlbare Kraft, hat dies zusätzlich beeinflusst und gesteuert. Nichts schien hier dem Zufall überlassen worden zu sein. Denn aus irgendeinem nicht erklärbaren Grund, schien es diesen Menschen, nach dem Kontakt mit mir, sehr viel besser zu gehen. Oft sogar waren dafür nicht mal irgendwelche Worte nötig. Meine bloße Anwesenheit schien schon auszureichen, um für eine Verbesserung ihres Zustandes zu sorgen. Das merkwürdige daran war, dass auch ich dadurch in eine Art Heilung gegangen bin.
Diese Erlebnisse ließen mich in einen derartig beflügelten Zustand gehen, dass ich mich schon sehr bald regelrecht

getrieben fühlte, diese unbewusste Begabung ausleben zu wollen. So kam es auch, dass ich meinem damaligen Versprechen, mit keiner Menschenseele über meine Erscheinungen zu sprechen, untreu wurde. Zu meiner Überraschung schien es diese neuen Menschen in meinem Leben eher zu faszinieren, als abzuschrecken. Sie alle wollten immer mehr darüber wissen und erfahren. Ja geradezu magisch schien es auf diese Seelen zu wirken, wenn ich über meine Wahrnehmungen berichtet habe.

Ich fühlte mich zunehmend wohler und sicherer. Und je wohler und sicherer ich mich fühlte, desto ausgeprägter und deutlicher wurden meine Begabung und damit meine Wahrnehmung. Immer mehr klare Bilder über zukünftige Ereignisse gesellten sich zu mir. Immer deutlicher kamen die Botschaften und Antworten auf gestellte Fragen. Aus irgendeinem Grund konnte ich Dinge sehen und beantworten, lange bevor sie geschehen waren.

Mein Gefühl dazu begann sich von der Angst in die blanke Euphorie zu wandeln. Ja, ich liebte es, das zu tun und zu sehen. Ich liebte es, dank meiner Fähigkeit helfen zu können und andere damit unterstützen zu dürfen. Ich liebe es bis heute, zu jeder Sekunde meines Lebens gleichermaßen.

Mit diesem starken Gefühl der Liebe für meine Fähigkeiten, aber auch für die Menschen, denen ich meine Fähigkeiten zukommen lassen durfte, war ich mit einmal nicht mehr zu bremsen.

Meinen Wissensdurst und meine Neugier über all das, wollte ich in Form von etlichen Ausbildungen, Weiterbildungen und Seminaren, soweit es mir möglich war, stillen oder sogar erweitern und damit weiter anreichern. Denn mein Entschluss stand fest. Meine Berufung sollte mein Beruf werden.

Wo ein Wille, da auch ein Weg...

Mein Weg war sicher kein leichter Weg. So viele Hindernisse und Hürden galt es zu überwinden. Mal fühlte ich mich ganz oben und mal hatte ich das Gefühl es niemals schaffen zu können.

Die Wunder und damit die Liebe meiner Höheren Energie führten mich aber immer sehr zielgerichtet. Es schien immer zur rechten Zeit die rechte Unterstützung für mich bereit zu sein.
Selbst wenn die Wege mir manchmal noch so steinig vorkamen und ich vor Erschöpfung und Angst in eine Starrheit verfiel, wäre ein Aufgeben dieses Weges für mich einfach unmöglich gewesen. Viel zu laut war die Stimme in mir, die mich immer wieder angetrieben hatte. Viel zu stark war die Sehnsucht danach, mich damit ausleben zu wollen. Meine Herz-Energie ließ mir nicht die geringste Wahl, meinen Weg hier abzubrechen und evtl. was anderes zu tun. Schon allein der bloße Gedanke, ich dürfte und könnte mich jetzt in meiner Berufung nicht ausleben, sorgte für eine Übelkeit in mir und für ein so starkes Unwohlsein, dass ich diesen Gedanken sofort wieder verwerfen musste.
Ja, ich folgte, trotz der Angst in mir, ungehindert aller Hindernisse, einfach stets dem Ruf meines Herzens.
Ich lernte, dass man sich nicht an die materialistischen Dinge klammern durfte. Denn diese stützen uns in unserem Leben nur sehr oberflächlich. Schöne Dinge kommen, und gehen. Die Liebe war es, die erst alles wertvoll und sinnvoll erscheinen ließ. Ich lernte aber auch, dass es sich nicht um die Liebe handelte, welche mir bisher geläufig war. Auch das hatte sich gewandelt und verändert, für mich und in mir. Nur die Liebe zu mir machte wirklich einen Sinn und schien mir die Kraft zu verleihen, welche ich so dringend für den Weg meiner Berufung benötigt hatte.
Dadurch bin ich in mir selbst gewachsen und gereift.
So viele Menschen, die den Weg in ihre Lern- und Lebensaufgabe noch immer im Außen zu suchen schienen, waren ein weiterer Spiegel für mich, dass die wahre Liebe eben gerade nicht im Außen zu finden sein konnte.
So beschloss ich, ein Helfer für all die suchenden Seelen zu sein, die sich noch im tiefen Labyrinth ihres Lebens befanden. Die noch nicht wussten, worum es hier auf

Erden eigentlich wirklich geht. Dass auch sie nur Suchende sind und sich selbst in allererster Linie erst finden müssen, um dann wahrhaftig bekommen zu können, was sie sich so sehnlichst für sich erbeten.
Ein weiterer entscheidender Lernprozess war es, dass ich mich selbst nur heilen konnte, indem ich alles, was passiert war, durch echte Dankbarkeit wandeln konnte.
Heute bin ich sehr dankbar für die unbeschreiblich schöne und gemeinsame Zeit mit meinem Ex-Mann. Heute weiß ich, dass es auch für ihn ein ganz qualvoller Weg gewesen sein muss, das Alles so konsequent durchzuziehen, ohne nochmal zurückzuschauen. Heute ist mir sehr bewusst, dass seine Handlungen aus der Liebe zu mir (Seelenvertrag!) heraus resultierten.
Noch immer besteht zwischen uns ein Band der Liebe. Auch wenn es jetzt eine gewandelte Art der Liebe ist. Denn das größte Geschenk (die Wandlung ist mein größtes und 5 Geschenk auf dem Weg meines Seelenplans gewesen) lag darin, dass wir heute eine sehr innige Freundschaft pflegen. Wir lieben unsere Kinder gleichermaßen und auch wenn wir uns nur noch selten sehen, so kann sich der Eine immer noch auf den Anderen verlassen.
Alle diese Lernprozesse führten mich letzten Endes auch wieder selbst in die Liebe auf weltlicher Ebene hinein. Nur so konnte ich Geschehenes geschehen sein lassen. Die Vergangenheit Vergangenheit sein lassen und die Gegenwart lieben und mit großer Freude und bedingungsloser Zuversicht in die Zukunft blicken.
Ja, ich hatte mich, so wie ich wirklich war und wie ich es bis heute noch bin, endlich gefunden.
Und ich kann mit reinem Herzen und voller Überzeugung heute sagen:
Ich bin die Vollkommenheit, so wie ich bin. Mit all meinen Defiziten, Ängsten, meinen Pölsterchen und Falten, meinem Lachen, meinem Weinen, meiner Unsicherheit, meinem Vertrauen, meinem Glauben, meiner kindlichen Naivität, meinem eigenen Sinn für Humor, meinem Mut,

meinem Durchsetzungsvermögen, meinem Willen, meinen Selbstgesprächen, meiner Liebe zu Allem, was war, was ist und was jemals sein wird, geradezu perfekt für mich..und dafür liebe ich mich, dass ich so bin wie ich bin. Danke ☺

So gilt meine Dankbarkeit allen meinen Seelenhelfern und meinen Seelenverabredungen, dass sie mich, wenn auch nicht immer sehr liebevoll, aber dennoch sehr klar und eindeutig, diese unterschiedlichen Stufen meines Seelenvertrags haben ergründen lassen. Nur durch ihre für mich erstmal dramatischen Handlungen, musste ich mich bewegen und verändern. Niemals wäre ich diesen Weg aus freien Stücken gegangen. Meine Dankbarkeit ist euch allen auf ewig sicher. Danke!!!

Wegbeschreibung in die Liebe zu mir:

Meinem Weg meiner Berufung endlich folgen zu können, erfüllt mich in jeder Sekunde meines Daseins, mit unsäglicher Freude und ich fühle mich in meiner vollkommenen Erfüllung damit.
Der Nachteil daran war nur, dass ich für andere immer das Beste erzielen konnte, nur für mich konnte ich relativ wenig tun. Ich konnte sie heilen, ihren Schmerz lindern, ja sie sogar in ihre wahre Liebe führen. Darüber hinaus konnte ich ihnen ihre Seelenpartner, und damit ihre Liebe in ihr Leben ziehen.
Disharmonien und energetische Entrückungen konnte ich, ganz wunderbar und sehr schnell fühlbar für alle, ausgleichen und wieder für ihre innere Harmonie sorgen. Nur für mich konnte ich das irgendwie leider (noch) nicht☹!
Betrogen und belogen zu werden, hinterlässt eben leider auch sehr große Wunden.
Ein Geld- oder Finanzbetrug wird rechtlich bestraft. Doch ein Betrug an Menschen bleibt größtenteils unbestraft. (so war meine damalige Sicht darauf).
Diese damalige Denke und Aussage, hatte mich sehr lange in der Liebe zu mir, und dadurch auch in der Liebe zu anderen, sehr blockiert und aufgehalten.
Es war ein tiefsitzendes Gefühl des Hasses, der Wut und darüber hinaus dem Wunsch nach Vergeltung in mir. Es gab Momente in meinem Leben, da fühlte ich mich regelrecht besessen von Rache-Gedanken. Darüber hinaus bin ich noch auf eine weitere Hürde, die ich bis zu diesem Zeitpunkt ebenfalls nicht wahr haben wollte, gestoßen.

Bei einer Trennung ging und geht es nicht alleine nur um den Herzschmerz und die entstanden Verletzungen wieder zu heilen. Es geht im weitesten Sinne auch um einen gnadenlosen Entzug.

Wir Menschen sind Gewohnheitstiere und man glaubt gar nicht, wie schnell sich ein Mensch an eine bestimmte Situation oder auch an eine Person gewöhnt. Selbst ein rein schriftlicher, aber sehr beständiger Austausch zwischen zwei Menschen, kann bereits innerhalb kurzer Zeit zu einer festen Gewohnheit werden. Sollte darüber hinaus auch noch eine Emotion mit rein schwingen, würde auch hier, bei einer Veränderung bzw. einem abrupten Abbruch dieses Kontakts, ein kurzer Entzug entstehen.
Diese Erkenntnis darüber, dass ich natürlich, zu meinem gebrochenen Herzen, ebenfalls gerade einen eiskalten Entzug durchlebte, ließ mich aber wieder etwas Mut schöpfen.
Mein Wissen über einen Entzug war nicht besonders groß. Es reichte aber dennoch aus, um mir klar und bewusst darüber zu sein, dass nach jedem gelungenen und erfolgreichen Entzug die bevorstehende Belohnung, die Freiheit über sein Leben, versprochen ist.
Die Frage war nur: wie geht man so einen Entzug und das Erlernen der Selbstliebe am allerbesten an, um so schnell als möglich das Licht am Ende des Tunnels wieder erblicken zu können. Zumal mir bei all meiner Thematik auch noch urplötzlich sehr klar wurde, dass es sich ja hier um einen Liebesentzug handelte. Und wie wir bereits erfahren haben, löst ein Entzug der Liebe den berühmten „Kampf ums Überleben“ in uns aus...Ok, was für eine Herausforderung!!!
Doch und so gesehen blieb mir ja auch keine andere Wahl, als mich dieser Herausforderung, so gut ich es konnte, zu stellen.

Zuvor wollte ich mich an den Männern rächen und ihnen den Schmerz zufügen, den ich noch immer in mir hatte. Für mich waren die Männer alle gleich und zwar allesamt Betrüger.
Natürlich war es mehr als nur klar, dass ich mit dieser energetischen Schwingung in mir, auch nur mit solchen Männern, die tatsächliche Betrüger waren, in Resonanz

gegangen war. Und so zog ich, wie konnte es auch anders sein, Männer, die in einer festen Partnerschaft waren, buchstäblich in mein Leben. Doch aufgefallen ist es mir erst, als sich der Satz "in meiner Beziehung läuft es gerade nicht so gut", permanent zu wiederholen schien. Ganz egal ob ich in meinen Beratungen war, oder ob ich selbst im Außen war. Entweder hatte ich in meinen Beratungen Frauen, die sich auf Grund dieser Aussage des Mannes (bei mir in der Beziehung läuft es gerade nicht so gut), auf eine Affaire mit diesem Mann eingelassen hatten, mit der Hoffnung und dem Glauben, dass er sich ja doch eines Tages von seiner Frau trennen würde und sie beide dann die erwünschte Beziehung öffentlich leben würden. Oder mir selbst wurden über alle Wege solche Angebote unterbreitet.

Da ich mittlerweile aber schon sehr geschult mit der Anwendung des Gesetzes der Anziehung war, bin ich natürlich, bei den wiederkehrenden Aussagen, sehr hellhörig geworden. Sofort war mir ganz klar, dass es nur mit mir und mit meiner Schwingungsenergie in mir zusammenhängen konnte.
Damit war klar für mich, was ich jetzt zu tun hatte. Ich musste mich aus dem Leben im Außen heraus nehmen um mich erstmal selbst genau betrachten zu können.
Nach dem Aushalten vieler einsamer Sonntage (denn die anderen Tage über war ich sonst sehr beschäftigt. Nur der Sonntag löste in mir das Gefühl der Einsamkeit aus und machte mich traurig), brachen endlich die gut unterdrückten Gefühle des Hasses, der Wut und der Rache in mir auf und kamen endlich an die Oberfläche.
Erschrocken darüber, aber auch erleichtert darüber, endlich erkennen zu können, was meine Blockaden waren, konnte ich mich mit Hilfe meiner Fähigkeiten und meines Wissens somit gleich ans Werk machen, diese unliebsamen Energien in mir zu wandeln.

Je tiefer ich vorgedrungen war, je mehr ich mich mit mir auseinander gesetzt und beschäftigt hatte, desto klarer wurde mir die elementare Bedeutung der Selbstliebe auf einmal. Hatte ich doch schon unzählige Bücher darüber gelesen, so musste ich irgendwann feststellen, dass mich das Thema der Selbstliebe nur noch wütender gemacht hatte. Ich war mir sicher, ich würde mich doch bereits in ausgeprägtem Maße lieben..was sollte das also bitteschön schon wieder. Nach einigen Runden, die ich galant versucht hatte, um das Erlernen meiner Liebe zu mir zu drehen, führte kein Weg mehr daran vorbei. Freiheit, und damit die Liebe von einem Partner zu bekommen, erforderte das Erlernen der Selbstliebe. So kaufte ich mir alles, was der Markt so zu bieten hatte. Und es gab wirklich ganz erstaunlich viele Wege und Methoden in die Selbstliebe. Nur bei mir schien alles immer nur für ganz kurze Zeit zu greifen. Immer wieder fühlte ich mich wirklich ganz großartig und dann, nach einiger Zeit, musste ich aber wieder von vorne Beginnen, da ich mich einfach nur wieder erneut in einem unerklärbaren Tief befunden hatte. Irgendwann schienen sich alle meine Systeme daran gewöhnt zu haben und selbst ein wieder von vorne beginnen, hatte mir nicht mehr den einstmaligen Erfolg gebracht.
So habe ich selbst damit begonnen, mich mit dem Phänomen der Selbstliebe zu beschäftigen. Das menschliche Gehirn und seine Zusammenhänge und Funktionen, hatten mich dabei in ihren wahren Bann gezogen. Immer klare wurde mir, dass auch die Art wie wir was Denken, einen entscheidenden Einfluss auf unsere Gefühlswelt hatte. Solange unser Verstand nicht überzeugt von uns selbst war, solange würde sich der Mensch auch selbst nicht sehen, erkennen und finden können. Solange die eher vernichtenden und selbstzerstörerischen Programme in uns dominant aktiv waren, hatten alle Bemühungen, sich selbst zu lieben, nicht die geringste Chance.
Ich stellte mir die Frage: „Wenn ich ein Produkt wäre, mit welchen Argumenten könnte ich die Menschen davon

überzeugen, mich zu kaufen“? Eine beklemmende Stille machte sich in mir breit!
Sollte sie mein Äußeres von mir überzeugen? Aber es gab aus meiner Sicht so viel schönere Menschen als mich!
Sollte es meine Intelligenz sein, mit der ich Punkten könnte?
Nein, denn es wird immer intelligentere Menschen als mich geben!
Ok, dann vielleicht meine Hingabe und meine Leidenschaft? Doch wem konnte ich diese Eigenschaft denn schon zeigen und beweisen, wenn es da niemanden gab, der meine Hingabe und Leidenschaft haben wollte.
Na gut, ich war fleißig, ehrlich und treu. Das musste doch überzeugen. Leider war auch das nicht der Volltreffer, nach dem ich gesucht hatte. Aber immerhin rief Dieses eine weitere Erkenntnis in mir wach.
War ich denn wirklich fleißig, ehrlich und treu? Hm, meinen Mitmenschen gegenüber definitiv. Aber ich war es nicht mir gegenüber!
Ich belog und betrog mich an einer Tour. Andere Menschen waren mir um so vieles wichtiger, als ich es mir selbst war. In der ganzen Kette derer, die mir viel bedeutet hatten, war ich das letzte Glied.
Wie konnte ich so tief sinken, dass ich für die Liebe im Außen bereit war, fast alles zu geben und mich dabei vollkommen vergessen hatte. Wie konnte ich nur erwarten, dass mich irgendjemand bedingungslos und wahrhaftig lieben wird, wenn ich das für mich selbst nicht mal getan hatte.
Jetzt war alles klar. Endlich begriff ich, ich kann nur das von meinen Mitmenschen bekommen, was ich auch bereit war, mir selbst zu geben.
Das war absolut logisch. Motten werden vom Licht angezogen. Wenn das Licht aus ist, wird keine Motte das Licht finden können.
Ich war ein Licht, das ausgeschaltet war. Und in dieser Dunkelheit waren darüber hinaus auch noch negative

Schwingungen in mir, von denen jeder Mensch sich liebend gerne und auf dem kürzesten Wege entfernen würde.
Trotz dieser schockierenden Erkenntnis, war ich auch gleichzeitig sehr erleichtert. Denn jetzt hatte ich eine echte Chance dies zu verändern.
Unvorstellbar viele Selbstliebetechniken habe ich für mich ausprobiert, umgesetzt und angewandt. Leider mit dem ernüchternden Resultat, dass nichts für immer greifen wollte.
Ich war so weit gekommen und ein Aufgeben sollte und wollte für mich nicht in Frage kommen.
Gesagt, getan…Ich befasste mich mit der Quantenphysik, mit dem Gesetz der Anziehung, mit der Seele, mit den Lichterscheinen, die ich sehen konnte, mit dem menschlichen Körper und vor allen Dingen mit dem menschlichen Gehirn und seiner Funktionsweise.
Alle diese Teile mussten doch in direktem Zusammenhang miteinander stehen und ich konnte es einfach fühlen, dass ich der Lösung schon ganz nahe war.
So entwickelte ich in einer zweijährigen Studie ein eigenes Selbstliebe-Programm, welches in allererster Linie unseren Verstand umprogrammieren wird.
Leider würde es den Rahmen dieses Buches sprengen, wenn ich mit dir hier auch die Umprogrammierung in deine Selbstliebe vornehmen würde.
Das Programm heißt SPS = Sigrid´s Progammierungs Secret der Selbstliebe und ist überall im Fachhandel oder im Internet oder auf meiner Internetseite: www.elcaminopraxis.de erhältliche. Weitere Informationen darüber findest du auch in YouTube (https://youtu.be/0Lkpe0gab98) ☺

Ich kann es dir nur aller wärmstens ans Herz legen, wenn auch du meine oder ähnliche Themen in deinem Liebesleben wieder finden solltest.

Nach einer ewigen Zeit (ca.7 Jahre) als Single (gefühlte 10 Jahre ☺), war ich endlich geheilt. Endlich waren in mir die schönsten, reinsten und hellsten Gefühle und Energien, die man sich überhaupt vorstellen konnte ganz fest verankert. Ich war die Liebe selbst. Ich war der hellste Stern am Himmelszelt und das Beste daran ist, ich bin es bis heute immer noch. Meine Selbstliebe ist so tief in mir verankert, dass ich mir tatsächlich wie das Licht für die Motten vorkomme. Auf wundersame Weise bin ich jetzt magnetisch für meine Mitmenschen geworden. Und ich gebe es sehr gerne zu..ich liebe und genieße es unendlich.
Tja, und so konnte es kommen, wie ich es mir so sehnlichst gewünscht und herbeigesehnt hatte. Die Liebe meines Lebens ist in nur wenigen Wochen, nachdem ich neu programmiert und damit in meiner Liebe war, in mein Leben gekommen und bis heute geblieben.
Alles kam ganz genauso, wie ich es mir immer gewünscht hatte. Zusätzlich habe ich auch noch eine sehr erfolgreiche Wunschtechnik dazu entwickelt. Welche ich auch sehr gerne an alle meine Klienten, in meiner Praxis, weitergebe und coache.
Diese Technik werde ich dir hier jetzt im folgenden Kapitel sehr ausführlich vorstellen.
Damit wird dein Wunsch-Traum-Seelenpartner mit absoluter Garantie in ganz kurzer Zeit an deiner Seite sein und ihr werdet die schönste Beziehung eures Lebens miteinander haben. ☺ DAUERHAFT!!!

Wie kann ich mit der Verinnerlichung meiner Selbstliebe, jetzt meinen Seelenpartner in mein Leben einladen?!

Damit auch deine Lovestory für dich beginnen darf, werde ich dir hier die verschiedenen Wunschtechniken ausführlich vorstellen und darlegen:

Mit diesem Wissen und diesen Botschaften von unseren beistehenden Energiewesen, habe ich sehr erfolgreiche Techniken und Methoden für deine Wunscherfüllung, in der Liebe und Partnerschaft, entwickelt.
Diese möchte ich dir hier sehr gerne vorstellen. Die Anwendung ist sehr leicht verständlich, nachvollziehbar und kinderleicht umzusetzen.
Dabei möchte ich sehr betonen, dass das gesprochene und geschriebene Wort über eine unglaubliche Macht verfügt.
Die Reihenfolge ist bei der Funktion und bewussten Anwendung des Gesetzes der Anziehung im Grunde sehr einfach.
Zu Beginn bekommen wir ein Gefühl, welches in uns den passenden Gedanken hervorruft. Dieser Gedanke kommt direkt vom Universum und erfüllt uns mit einer derart überschwänglichen Emotion, dass wir von diesem Gedanke kaum noch ablassen können. Immer und immer wieder drücken sich ein und die gleichen Gedanken durch und werden dann zusätzlich von wunderschönen Bildern und Vorstellungen verstärkt. Damit ist der erste Schritt der Materialisierung erfüllt.
Ein Gedanke, der sich so gut anfühlt und für ein Kribbeln der Vorfreude mit einer angenehmen Unruhe in uns sorgt, kommt immer direkt von unserem Seelenplan. Wir dürfen absolut sicher sein, dass wir durch unsere freudige Unruhe und klare Vorstellung unserer Ziele, dadurch aufgefordert sind, unbedingt diesem Gedanke Folge zu leisten. Koste es, was es wolle…denn hier sind immer die

Liebe, die Gesundheit, der Erfolg und der Wohlstand dahinter verborgen!!!
Beginnen wir dann damit diese Gedanken in schriftlicher Form festzuhalten und darüber hinaus auch noch so wahrhaftig und lebendig auszuschmücken, manifestieren wir unsere zukünftige Realität zum zweiten Mal.
Die Energien im s.g. morphogenetischen Feld werden auf diese Art so dermaßen angereichert und vervielfältigt, dass eine Realisierung jetzt nur noch eine Frage der kurzen Zeit sein wird. Und ganz genau das ist der Grund, bewusste Wünschen-Methoden und Techniken für sich zu erlernen und zu verinnerlichen.
Jede Seele besitzt ihr ureigenes Energiefeld, welches in verschiedene Abteilungen unterteilt ist. Alle Energiefelder sind aber untrennbar miteinander verbunden und über ganz bestimmt Signale und Schwingungen in Resonanz miteinander. Die Liebe ist dabei die höchste und hellste Energie im Feld. Die Liebe hat die Kraft, zu heilen. Die Liebe hat die Eigenschaft, sich zu vermehren, wenn wir sie miteinander teilen. Unsere bzw. deine Aufgabe ist es also, dein Feld der Liebe mit deinen Liebesenergien hier anzureichern und überdimensional zu erweitern, damit deine Liebesschwingung auch von deinem Seelenpartner sofort empfangen werden kann und eure Begegnung auch in kurzer Zeit stattfinden wird. Gegensätzliche Schwingungen der Liebe, verzögern eure Verabredung meist ungewollt, unnötig. Du darfst dir das etwa so vorstellen:
Dein Seelenpartner hat, genau wie du, den Wunsch und die Sehnsucht, nach dem Ausleben eurer gemeinsamen Liebe. Jetzt ist er aber auf einer UKW-Welle, während du auf einer ganz anderen Frequenz schwingst. Weder seine Sendungen kommen bei dir an. Noch deine Sendungen und Kontaktaufnahme deiner Seele zu ihm, können bei ihm jemals ankommen. Das bedeutet, solange ihr auf unterschiedlichen Sendern seid, bleibt euch lediglich eure Sehnsucht nach dem Partner, die euch sehr klar zu verstehen geben möchte, dass es ihn gibt und dass ein Auf-

geben eures Wunschs nach der erfüllenden Liebe nicht in Frage kommt, geschweige denn möglich wäre. Deshalb werden wir mit diesen ganz bestimmten Techniken hier, eure Frequenzen auf eine geneinsame Welle bringen. Damit aus der Sehnsucht auch eine erfüllende reale Partnerschaft für euch wird.
Die Methoden sorgen in erster Linie für eine Erweiterung eures Liebesfeldes und damit auch eures Herzraumes. In zweiter Linie sollte dann aber ab einem bestimmten Zeitpunkt ein so genanntes Loslassen eurer Bestellung eingeleitet werden. Denn wie beim Einkaufen im Warenhaus, in dem man sich auch irgendwann entschließen muss, an die Kasse zu gehen, um mit der Ware das Geschäft auch verlassen zu können, so ist es auch beim Wünschen der Fall. Irgendwann, wenn dein Warenkorb voll genug ist, wirst du deine Bestellung abschicken. Dann brauchst du nur noch auf die Lieferung zu warten. D.h. wenn dein Feld deiner Liebe angereichert genug ist, lässt du deine Bestellung los und sofort wird das Universum mit der Zustellung deiner Wünsche beginnen.
Wenn wir zusätzlich auch noch darüber sprechen sollten, und dies ebenfalls in einer erfüllten Schwingung des Glücks und der absoluten Überzeugung, dass es eines Tages genauso sein wird, ist das jetzt die dritte Art der Materialisierung.
(Tipp: suche dir die Menschen, mit denen du über deine Wünsche und Erfüllungen sprichst, bitte sehr gewählt aus. Denn es wird immer wieder welche geben, die versuchen werden, dir deine Wünsche madig zu machen und dich und deine Vorstellungen evtl. sogar ins Lächerliche zu ziehen versuchen!!!)

Je häufiger du an dein Ziel denkst, du darüber schreibst und zusätzlich davon erzählst, desto schneller hast du auch deinen Verstand davon überzeugt und er wird es als deine Realität annehmen.
Ich persönlich schreibe schon seit ca. 7 Jahren, jeden Abend mein Tagebuch meiner Zukunft. Hier werden nur

die Dinge aufgeführt, die ich in meinem Leben auch wirklich Willkommen heißen möchte. Dazu ein kleines Beispiel:
Mein Partner und ich sind so unbeschreiblich glücklich miteinander. Wir lieben und respektieren uns gegenseitig sehr. Im Moment planen wir unseren gemeinsamen Urlaub und ich kann es kaum erwarten, bis wir zusammen unsere Reise antreten werden. Ich liebe die Art, wie sehr er mich liebt. Ich liebe seine Treue und Beständigkeit. Ich liebe seine Hilfsbereitschaft und Ehrlichkeit über alles. Er macht mich unsagbar glücklich.....usw...usw...
Seitenweise habe ich Abend für Abend von uns und unserem gemeinsamen Glück geschrieben. Dabei habe ich mich immer mehr und mehr selbst in meinen Zeilen vollkommen verloren. Die Bilder und Vorstellungen waren so dermaßen real für mich geworden.
Tagsüber habe ich mir dann kleine Zettelchen geschrieben wie: Schatz, ich gehe zum Einkaufen. Ich liebe dich. Bis später...
Und wenn ich nach Hause kam, habe ich mir auf meine Zettelnachrichten selbst geantwortet. Z.B. Ok, ich bin ebenfalls noch unterwegs. Ich freue mich schon sehr auf dich, mein Liebling, und küsse und umarme dich ganz innig.
Das hat mir solchen Spaß gemacht, dies zu tun....und diese Methode wende ich noch heute an. Wenngleich jetzt vorwiegend in anderen Bereichen. Da es meinen Traumpartner nach wenigen Wochen dann auch in meiner Realität gegeben hatte.
Diese Technik ist eine der wirkungsvollsten Wunschmethoden, die ich kenne und funktioniert garantiert.
Es gilt lediglich, darauf zu achten, dass die Schwingungsenergie auch dementsprechend hoch ist. Sollte es bei mir Tage gegeben haben, in denen es nicht so war, ließ ich das Schreiben für den Moment ruhen. Denn es gibt beim Wünschen nichts Wichtigeres als seine Wunschenergien erstmal in den oberen Level zu transferieren. Erst dann sollte man sich wieder mit seinen Wün-

schen befassen. Lass alles liegen und stehen und kümmere dich um dich selbst. Sorge dafür, dass du alles tun wirst, was nötig ist, dich selbst wieder glücklich und zufrieden zu machen.
Sich selbst glücklich zu machen ist das oberste Gebot überhaupt!!!
Diese Methode ist eine Art Basic und lässt sich immer und in jedem Bereich anwenden. Das ist das Fundament des Gesetzes der Anziehung und absolut empfehlenswert, wenn man seine Wünsche auf Dauer und anhaltend erfüllt haben möchte.
Eines ist mir dabei noch von großer Wichtigkeit, es hier zu erwähnen:
Haben sich vor vielen Jahren noch nicht sehr viele Menschen ganz bewusst mit dem Naturgesetz der energetischen Anziehung beschäftigt, so ist die Zahl in der heutigen Zeit um ein Vielfaches gestiegen. Damit haben sich unsere Energiefelder auf ganz natürliche Art und Weise auch sehr angereichert und ausgedehnt. Gerade ab dem Jahr 2015 wurde eine signifikante Beschleunigung der Energien im Kosmos messbar wahrgenommen. Das bedeutet für uns, in unserem Zeitalter, dass unsere Wünsche und Gedanken schneller denn je in Erfüllung gehen werden. Niemals zuvor war es so wichtig, sehr bewusst auf seine Gedanken zu achten. Aber nicht nur auf die Gedanken. Auch das gesprochene und geschriebene Wort hat damit eine ungemeine Beschleunigung, in Punkto Erfüllung und Umsetzung, in unserem Leben, erfahren dürfen. Deshalb ist es sehr ratsam, sich wirklich über all das was wir sagen, denken, schreiben und betrachten, sehr sehr bewusst zu sein. Denn was im Positiven ganz wunderbar funktioniert, funktioniert natürlich auch gleichermaßen im Negativen. Noch nie zuvor ist das bewusste Wünschen so wirkungsvoll und angeraten, wie es heute, ab dem Jahr 2015, der Fall ist.
Somit bitte ich dich, nein, ich flehe dich geradezu an, achte auf das, was du sagst, denkst, tust, machst, sprichst und betrachtest, mit äußerster Sorgfalt!

Schließlich bist du der Autor deines Lebens und du wählst den Inhalt deines Drehbuches für dich aus. Was immer du in deinem Leben haben möchtest, entscheidest du ganz alleine für dich. Was immer du in deinem Leben findest, was dir nicht gefällt, hast auch du entschieden. Nur eben dann nicht bewusst und willentlich!

Technik zu deiner baldigen Wunscherfüllung = LIEBE

Wie ganz genau wünsche ich mir meinen idealen Seelenpartner in mein Leben und das in sensationell kurzer Zeit?

- *Das Tagebuch voller Magie:*

Ok, hier sprechen wir von der wichtigsten Grundlage, der Basis-Methode. Es ist, wie oben bereits in Kürze vorgestellt und beschrieben, dein Tagebuch der Zukunft.
In diesem Tagebuch darfst du mit der ersten Begegnung (zunächst nur im Buch) bis zu eurer gemeinsamen Beziehung (später dann im wahren Leben) einfach alles bis ins Detail beschreiben.
Bevor du mit dem ersten Kapitel beginnst, werde dir darüber klar, wie du dir eure erste Begegnung auch wünschst?
Möchtest du angesprochen werden, oder möchtest du derjenige sein der, Ihn oder Sie anspricht?
Das Ereignis eures ersten Kennenlernens solltest du dabei niemals mit Ort, Datum oder einer bestimmten Veranstaltung einschränken. Je offener du dem Universum die Umstände eurer ersten Begegnung lässt, desto schneller kann und wird das Universum dir diese Wunschbegegnung schicken können.
Beim Kennenlernen selbst darfst du aber so detailliert wie nur irgend möglich werden. Sehr wichtig sind deine Empfindungen oder deine evtl. Schmetterlinge, die du dabei empfinden möchtest, zu beschreiben. Je mehr es dir gelingt, deine Gefühle deutlich niederzuschreiben und darin festzuhalten, desto schneller wirst du vom Universum beschenkt werden. Denn ganz besonders auf unsere energetische Schwingung = Emotionen, reagiert das Universum umgehend und rasend schnell.
Euer Kennenlernen wirst du dann ca. 1 Woche bis 10 Tage, Tag für Tag, in deinem Tagebuch schriftlich wie-

derholen. Innerhalb dieses Zeitraumes wird sich dann auch dein Verstand darauf eingelassen haben und wird bereit sein, es nicht nur mehr als einen Traum in einer Fantasie abtun zu wollen.
Nach ca. 10 Tagen darfst du dann in den nächsten Schritt eintauchen. Beschreibe sehr ausführlich, wer hier wen jetzt erobern wird. Schreibe, wie du es dir auch wirklich wünschen würdest. Z. B. werdet ihr zunächst nur miteinander schreiben oder, werdet ihr euch auch sofort wieder verabreden wollen...auch hier gilt es, je mehr Gefühle und Emotionen in deiner Beschreibung vorkommen, desto schneller setzt es das Universum für dich um. Ebenfalls wirst du die Beschreibung eurer Fortsetzung, eures nächsten Treffens, auch wieder für mindestens 10 Tage wiederholen. Je lebendiger und wahrhaftiger es dir gelingt, darüber zu schreiben, desto überzeugter wird schlussendlich auch dein Verstand davon sein. Und alles, was dein Verstand als festen Glaubens- und Überzeugungssatz in sich trägt, ist sowieso immer in deinem Leben, früher oder später, vorhanden.
So, das Kennenlernen und die Annäherung sind geschafft. Diese Energie ist jetzt wie in einer Art Warenkorb. Darum brauchen wir uns jetzt nicht mehr zu kümmern und wir können entspannt und getrost zur Beschreibung eurer Beziehung übergehen.
Natürlich kannst du auch euren ersten Sex ausführlich beschreiben und was immer dir wichtig und wünschenswert erscheinen mag.
Wiederhole Eigenschaften, die dein Traumpartner definitiv besitzen sollte, immer und immer wieder, in deinen lebendigen Geschichten.
Z.B. Ich liebe es, dass er/sie immer gleich antwortet wenn ich ihm/ihr schreibe!
Ich liebe es wie er/sie mich küsst!
Ich liebe seine /ihre wunderschönen Hände (Zähne, Lachen, Stimme, Geruch, Berührung, Ehrlichkeit, Treue, Beständigkeit, Hilfsbereitschaft, Offenheit, Zuverlässigkeit, Reiselust...und vieles mehr)

Was auch immer für dich von größter Wichtigkeit sein sollte und du in deiner Partnerschaft vorfinden möchtest, sollte in deinem Tagebuch der Magie für jeweils mindestens 10 Tage, in X Varianten beschrieben, vorkommen.
Und wenn es deinem Wunsch und Traum entspricht, darfst du selbstverständlich auch eure Hochzeit darin festhalten.
Bedenke, du schreibst gerade dein zukünftiges Leben und was einmal als Energie darin festgehalten wurde, wirst du auch in deinem wahren Leben erleben!
So, die Basic-Methode werden wir, wenn du es willst (und du wirst es wollen, ja sogar lieben, wenn du deine wahre Macht darin für dich erstmal erkannt haben wirst), ein Leben lang beibehalten...
Ich für meinen Teil kann mir nichts Einfacheres vorstellen, als mein zukünftiges Leben in meinem Tagebuch meiner Magie = meine Zukunft, selbst zu gestalten und ich liebe es ☺
Du wirst schon nach kurzer Zeit sehr überrascht sein, dass alles, was du in einer gutgelaunten, hohen Energie nieder geschrieben hast, auch dann in deinem Leben als Realität wieder finden wirst...Deshalb: Vorsicht..und achte auf deine Worte, sowohl in Schrift als auch in Sprache!!!

Vorsicht vor deinen Gedanken:
Eines ist mir hier noch sehr wichtig zu erwähnen:
Die Gedanken von uns Menschen können uns manchmal sehr in die Irre führen. Gedanken sind Energien, welche in unserem Gehirn (in ganz bestimmten Gehirnarealen), entstehen. Erst durch unsere Gedanken kann und wird eine s.g. Realität hervorgerufen. Wenn wir etwas nicht denken können, kann es auch nicht zu unserer Realität werden. Erst, wenn wir damit beginnen, einen Gedanken in uns entstehen zu lassen, beginnen wir zeitgleich damit es auch in unser Leben zu rufen. Ähnlich einem Architekten. Erst braucht er die Fantasie und seine Gedanken für sein Bauwerk. Erst dann kann er seine Vorstellungen

zeichnen und erst danach kann das Bauwerk auch gebaut werden.
Übersetzt bedeutet das, dass wir durch und wegen unseren Gedanken, für unser Leben verantwortlich sind. Es gibt für uns Menschen somit nur eine einzige Wahrheit. Diese s.g. Wahrheit kreieren wir aber selbst und zwar wirklich ausschließlich nur wir selbst, in unseren Köpfen. Die Gedanken selbst sind nicht real. Das können sie überhaupt nicht sein. Unser Verstand wird nicht von ganz bestimmten Ereignissen überrascht, sondern mit unserem Verstand überraschen wir die Welt mit ganz bestimmten Ereignissen.
Gerade wenn es darum geht, den richtigen Seelenpartner in sein Leben zu rufen oder sich die ideale Beziehung zu wünschen, ist diese Tatsache ungeheuer wichtig. Immer werden sich dir negative Gedanken in den Weg stellen und dir damit versuchen, dir vorzugaukeln, sie wären real. Ob sie wirklich real sind, lässt sich aber sehr leicht überprüfen, indem du den negativen Gedanken ganz einfach mal mit einem positiven Gedanken austauschst. Z.B. Ich habe Angst davor, für immer alleine zu bleiben – Ich werde geliebt und bin schon bald in meiner glücklichsten Beziehung meines Lebens. Welcher der beiden Sätze fühlt sich für dich jetzt besser an? Der Satz, bei dem ein gutes Gefühl in dir entsteht, ist deine Wahrheit. Durch dein gutes Gefühl möchte dir deine höhere Energie sagen, dass dies jetzt für dich ansteht und möchte dich darin bestärken und bekräftigen. Beim negativen Gefühl möchte dich deine höhere Energie darum bitten, umzudenken und nach der Wahrheit, welche auf deinem Seelenplan geschrieben steht, zu suchen.
Zu jedem negativen Satz oder Gedanken gibt es **immer** auch einen positiven Gedanken. Deshalb bitte ich dich, das Suchen nach den gegensätzlichen Gedanken ebenfalls mit in dein Training bzw. mit in deine magischen Methoden, aufzugreifen. Zu jeder Nacht gibt es den Tag. Zu jedem Regen gibt es die Sonne und so gibt es auch zu jedem negativen Gedanken den positiven Gedanken.

Werde dir sehr bewusst, dass deine Gedanken niemals die Wahrheit sind und dass nur deine Gefühle die Wahrheit wissen. Deshalb lasse dich bitte niemals von unliebsamen Gedanken in die Irre führen und jemals von ihnen von deinen Wünschen, Vorhaben und Zielen abhalten. Folge stets deiner Sehnsucht und der Stimme deines Herzens, dann wird alles sehr schnell für dich erfüllt sein.
Solltest du mit einigen Entscheidungen, die du für dich immer wieder treffen musst, ab und an überfordert sein, dann gibt es da noch einen weiteren Tipp, der dir dein Leben ungemein erleichtern wird.
Manche sind, gerade wenn es darum geht den richtigen Seelenpartner in ihr Leben ziehen zu wollen, besonders aktiv und sehr viel on Tour. Das kann mitunter auch sehr schnell sehr müde machen. Darüber hinaus kann es auch zu großen Frustrationen kommen, wenn man wieder kein Glück hatte und auf´s Neue wieder niemandem begegnet ist, den man ansprechend fand.
Bedenke immer, dass alles, was geschieht, immer zu deinem Besten geschieht. Überlasse die Prozesse eurer Begegnung vertrauensvoll dem Universum. Wissend, dass es dich nicht und niemals vergessen hat. Der Tag eurer Begegnung ist bereits für euch bestimmt. Du solltest auch bei deiner Entscheidung, raus zu gehen oder nicht, immer auf dein Herz hören. Eine sehr gute Entscheidungshilfe wird dir dabei dieser Satz sein:
Ob du etwas tun oder lassen solltest wird dir das Universum immer ganz fair, ehrlich und aufrichtig beantworten, indem du dich selbst fragst, „Was würde mein 100 Jähriges-Ich, das in den letzten Minuten seines Erdenlebens ist, jetzt zu mir sagen. Soll ich das tun oder nicht“?
Dies kannst du dich bei allen deinen Entscheidungen immer wieder fragen. Würde dein hundertjähriges Ich es bereuen? Oder würde Es es bereuen, es **nicht** getan zu haben?
Damit wird sehr klar, dass wir sehr vieles tun sollten, um unser Leben voll auszukosten. Das Schlimmste wäre doch, etwas nicht getan oder ausprobiert zu haben und

es dann eines Tages bitter zu bereuen. Tue, was immer dir Spaß macht, lasse, was immer du nur anderen zuliebe tun würdest. Bereue niemals, was du tust. Es ist dein Leben und nur du bist für dein Glück verantwortlich. Rechtfertige dich niemals bei irgendjemandem für deine Handlungen und Entscheidungen. Stehe dazu, selbst dann, wenn es auch mal falsche Entscheidungen waren. Denn jede Entscheidung bedeutet auch, eine Erfahrung zu machen. Und jede Erfahrung macht dich reicher, weiser und stärker. Liebe dich genauso, wie du bist und stehe zu dir. Dein hundertjähriges Ich würde sich sicher sehr freuen, reich an Erfahrungen in die andere Dimension wechseln zu dürfen. Und im Gegensatz wäre dein hundertjähriges Ich sicher sehr traurig, wenn du für wen oder was auch immer auf die ein oder andere Erfahrung verzichtet hättest...denn spätestens beim Wechsel deiner Dimensionen, würde sehr klar werden, dass die Chance für neue Erfahrungen und Erlebnisse (für dieses Leben) ein für alle Mal vorbei ist.
Suche nicht, denn du wirst gefunden!
Entscheide dich für dein Leben, denn alles andere würdest du bereuen!
Liebe dich für Alles, was du bist, wer du bist und was du tust oder auch lässt, denn es ist dein (nur deins) Leben!

Jetzt möchten wir aber in ca. 3-6 Monaten deinen Partner an deiner Seite begrüßen dürfen. Natürlich nicht irgendjemand. Nein, es soll und wird dein Seelenpartner sein, mit dem du eine feste, treue und leidenschaftliche Beziehung haben wirst.

Schritt Nr.1

Bitte nimm dir für diesen Schritt auch ausreichend Zeit!!! Schließlich geht es um dein Leben und um deine Liebe/Beziehung ☺

Ab jetzt wirst du täglich mehrmals deinen Traum- und Wunschpartner visualisieren. Das funktioniert folgendermaßen:

Wann immer du Zeit und Ruhe hast, lege dich ganz entspannt an einen sicheren und sehr gemütlichen Ort. Entweder in deiner Wohnung oder auch an einem anderen Ort, an dem du sicher sein kannst, dass du ungestört bist. Wichtig ist dabei, dass sich dieser Ort für dich gut und sicher anfühlt. Lege dich dann ganz entspannt hin. Bevor du dich hinlegst und in deine Traumwelt versinken darfst, suche dir eine Meditations-CD aus oder deine Lieblingsmusik. Einfach irgendetwas, was dich in eine andere Welt sinken lässt und deine Fantasie anregt. Es sollten mind. 10 Minuten sein, in denen dir alles andere mal so richtig gleichgültig ist. 10 Minuten, in denen es jetzt nur um dich und deine Wünsche geht. Schließe dann ganz beruhigt deine Augen. Optimal wäre es, wenn du dich sogar richtig darauf freuen würdest. Denn schließlich darfst du dich von deinem Alltag jetzt so richtig frei machen und in deine eigene Welt eintauchen. Dort, wo der Himmel voller Geigen hängt und die Energie der Liebe alles beherrscht.

Stelle dir jetzt bitte vor, dein Körper wäre in Räume unterteilt. Der Raum deiner Liebe befände sich beispielweise, und natürlich auch idealerweise, bei deinem Herzen. Dann lenke jetzt bitte deine ganze Aufmerksamkeit, deine Gedanken und deine Fantasie in diesen Raum, der sich in deinem Herzen befindet. Beginne zuerst damit, dir deinen Raum der Liebe jetzt einzurichten. Was möchtest du dort drin alles haben? Wie soll er aussehen damit sich dein Partner und du so richtig wohl fühlen können? Dabei sind deiner Fantasie absolut keine Grenzen gesetzt.

Selbst die Sonne kann für euch in diesem Raum scheinen!
Jetzt dürfen dein Traumpartner und du den Raum betreten. Wobei euer Raum nicht immer und zwangsläufig im sprichwörtlichen Sinne ein Raum sein muss. Es kann auch mal ein Strand, die Berge oder was immer dich glücklich machen wird, sein. Stelle dir so deutlich, wie es dir nur irgendwie möglich ist, jetzt ganz intensiv sehr romantische Szenen mit deinem zukünftigen Partner darin vor. Wenn es dein Wunsch ist, zu heiraten, dann solltest du dir am allerbesten, dieses Ziel der Heirat vorstellen. Vorweg wäre natürlich ein romantischer Heiratsantrag, den du bekommst oder den du machst, sehr gut.
Ich habe bei meiner Visualisierung immer eine Indianermusik im Hintergrund verwendet und mir meine Hochzeit an einem Sandstrand sehr deutlich und detailliert vorgestellt. Natürlich haben meine Szenenvorstellungen immer mal wieder variiert. Ganz nach meiner Fantasie und Stimmung, die ich in diesem Moment hatte.
Sehr gerne kannst du deinen Traumpartner auch mal ein T-Shirt oder einen Pullover, in deiner Wunschfarbe in eurem Raum der Liebe tragen lassen. Du wirst sehr überrascht sein. Denn dein Traumpartner, der jetzt in dein Leben tritt, wird diese Farbe dann tatsächlich tragen! Ebenfalls sehr spannend wird es für dich sein, dass dir diese Farben oder Kleidung, die dir gefallen und welche du dir bei deiner Reise in deinem Raum vorstellst, ab diesem Moment ununterbrochen in deiner Realität begegnen werden. Das ist dann ein ganz wunderbares Zeichen, dass du alles ganz perfekt und super machst. Diese Zeichen schenkt dir das Vertrauen, dass es funktioniert und, dass du dich jetzt auf dem besten Wege in deine Wunschpartnerschaft befindest... ☺.
Mache den Raum deiner Liebe so oft du kannst lebendig. Visualisiere nicht nur einmal am Tag sondern nimm dir die Zeit für mindestens zweimal pro Tag. Am aller besten geeignet ist die Zeit dafür am Abend und noch besser kurz vor dem Einschlafen. Da dein Gehirn hier in den

idealen Zustand der Pause geht. In diesem s.g. Meta-Zustand ist dein Unterbewusstsein weit offen und du bist geradezu perfekt an deine höhere Energie angebunden. Welche dich somit mit ganz klaren Bildern und zukünftigen Ereignissen beliefern wird. So brauchst du nicht einmal mehr deine Fantasie zu bemühen. Denn die Bilder deines Seelenpartners, von dem du ganz sicher sein darfst, dass es ihn natürlich schon gibt, kommen jetzt nicht mehr von dir, sondern von der Energie der Liebe, aus der du entstanden bist. Diese Bilder sind somit Anteile deiner Seelenverabredungen und deines Seelenplans.
Und ich kann dir absolut garantieren, wenn dir dieses Ereignis wiederfährt, wird es sich einfach nur noch ganz großartig für dich anfühlen. Du möchtest davon immer mehr haben und sehen. Ja, es wird dich schon fast süchtig machen, mit diesem guten Gefühl und mit diesen wunderschönen Bildern, versorgt zu werden.
Diese intensive Art der Visualisierung solltest du mindestens 3 Monate machen. Werde dir dabei immer mehr und mehr bewusst, dass du bereits deine Zukunft und dein Liebesleben, ganz fest verankert, in dir trägst. Alles, wirklich alles, was sich in deinem Raum abspielt, wirst du früher oder später mit absoluter Gewissheit in deinem Leben erfüllt haben. GARANTIERT!!!
Diese drei Monate sind sehr wichtig. Da dein Verstand jetzt lernen wird, dass es hier in deinem Raum ein Leben gibt, das auch er jetzt für wahr und gültig halten darf.
Während dieser Zeit deiner Visualisierung, ist bereits jetzt alles möglich. Nur bitte ich dich inständig darum, dennoch nichts zu erwarten. Denn eine Erwartung, die mit einer Enttäuschung Hand in Hand geht, sorgt für niedrige Energien und damit für eine Verlangsamung deiner Wunschenergie.
Bleibe stets fröhlich und gut gelaunt und verlasse dich ganz einfach darauf, dass deine höhere Energie schon jetzt an der Umsetzung deiner Wünsche arbeitet. Alles wird jetzt zu deinem besten Wohle für dich und das Zusammentreffen deines Seelenpartners, arrangiert.

Genieße ganz einfach dein Leben und sei beim Weggehen nicht zu sehr enttäuscht, wenn er oder sie wieder nicht gekommen ist. Denn euer Zusammentreffen wird zur besten Zeit am besten Ort stattfinden. Keiner kann eure Begegnung besser inszenieren als euer beider höhere Energie. Verlasse dich so sicher darauf, dass es passieren wird, wie Weihnachten und Neujahr jedes Jahr kommen.

Natürlich ist es aber auf keinen Fall gänzlich ausgeschlossen, dass es bereits in diesem ersten Schritt schon zu einer raschen Belieferung bzw. zu einem raschen Kennenlernen kommen kann.

Denn mit jedem Tag, an dem du dich in deine Vorstellung und deine Kreation deines Raumes begibst, werden die Energien im Energiefeld der Liebe mehr und mehr angereichert. Ja, jeder positive Gedanke zu deinem Raum, jede positive Vorstellung in deinem Raum und jedes glückliche Gefühl für deinen Raum der Liebe, sorgen in deinem ureigenen Liebesfeld für eine Vermehrung und eine Beweglichkeit, dieser Energien, die weit über deiner Vorstellungkraft liegt.

Und genau darum geht es auch einzig und alleine in diesem ersten Schritt. Dein Energiefeld der Liebe in einen schon fast explosionsartigen Zustand zu versetzen.

Energien haben die Eigenschaft, sich bis zu einem ganz bestimmten Maß anreichen zu lassen. Sobald das Maß sprichwörtlich voll ist, werden die Energien sich explosionsartig entladen und zu ihrem ursprünglichen Sender zurück katapultiert. D. h. je mehr Liebesenergie darin enthalten ist, desto mehr Liebesenergie kommt zu dir (= dem Sender) und damit auch zum Empfänger, wieder zurück. Ist diese Tatsache nicht einfach nur herrlich? Wünscht sich das nicht jeder Mensch, eine regelrechte Dusche der Liebe in seinem Leben willkommen heißen zu können?

Ich selbst kann das jedenfalls unter Garantie bestätigen. Während meiner Zeit des Kummers und der Trauer, habe ich immer noch mehr Kummer und Trauer angezogen.

Als ich dann voller Wut und Hass war, habe ich die Wut und den Hass geerntet. Ständige Enttäuschungen wiederholten sich und wiederholten sich mehr und mehr. Ja, es war ein sprichwörtlicher Teufelskreis und die Spirale schien nur noch abwärts zu gehen.
Als ich mich jedoch dann dafür entschieden habe, mich mit der Liebe und meinem Raum der Liebe zu beschäftigen, tat sich endlich wieder der Himmel für mich auf und ließ die Wunder der Liebe in mein Leben fließen.
Also drei Monate sind für diesen ersten Schritt zwingend notwendig, damit wir den Körper, den Geist und unsere Seele in ausgewogenem Maße davon überzeugen, dass unser Raum zu unserer gewünschten Realität werden darf und damit auch garantiert wird!

Schritt Nr.2:

In Schritt Nummer zwei gehen wir an das Loslassen unseres Wunsches. Denn keine Bestellung kann und wird jemals bei uns ankommen, wenn wir nicht auch den Button „Abschicken“ betätigen werden.

Dein Energiefeld der Liebe ist jetzt ausreichend geladen und du brauchst nicht noch mehr hinein zu geben. Alles wird, während du deinem ganz normalen Alltag nachgehst, in jeder Sekunde deines Lebens, jetzt für den idealen Zeitpunkt des Kennenlernens vorbereitet.

In diesem Schritt lassen wir jetzt das Visualisieren bleiben und kümmern uns nur noch um unsere ganz persönlichen Belange.

Wir haben den Einkaufswagen gefüllt und unsere Bestellung nach unseren Wünschen und Vorstellungen, geäußert.

Um unserem Wunsch und unserem Raum aber dennoch weiterhin unsere Energie zu schenken, werden wir mit unserer höheren Energie eine Art Code-Wort vereinbaren.

Unsere höheren Energien, sprich unsere treuesten Diener, lieben die Einfachheit und lieben unser Vertrauen zu ihnen.

So habe ich oben bereits beschrieben, dass ich in meinem Raum der Liebe, meine Hochzeit mit meinem Traum- und Seelenpartner immer wieder visualisiert habe. Damit bin ich bei meiner Vorstellung und Einrichtung meines Liebesraumes gleich in mein Endergebnis gegangen. Mein Inneres bzw. meine Seele gab mir den Impuls, dass ich wieder bereit wäre, zu heiraten. Und so habe ich für mich ein sehr schönes Code-Wort gewählt, welches ich mit meiner höheren Energie vereinbart hatte. Das Wort „Hochzeit“ oder „Heirat“ war also mein Code-Wort. Es beinhaltete alles, was meiner Wunschenergie entsprochen hatte. Mir war vollkommen bewusst, dass ich ja nur einen Mann heiraten werde, der all meine Bedürfnisse erfüllt und somit meinem absoluten Ideal ent-

spricht. Ebenfalls sehr klar für mich war es, dass ich diesen Mann wirklich aus freien Stücken und mit reinem Herzen lieben werde. Sonst würde ich ja nicht mit einer Heirat einverstanden sein.
Ja, mein ideales Code-Wort war die Heirat bzw. Hochzeit. Es war einfach nur unbeschreiblich was dann, nach dem ich mich mit meiner höheren Energie auf dieses gemeinsame Code-Wort geeinigt hatte, alles passiert ist. Ständig ist mir auf allen nur vorstellbaren oder sogar unvorstellbaren Wegen, dieses Wort entgegen getragen worden.
Ich brauchte nur den Fernseher anzuschalten und schon in den ersten fünf Sekunden kam dieses Wort, unter Garantie, in irgendeinem Beitrag vor. Beim Friseur schlug ich irgendeine X-beliebige Zeitschrift auf und was soll ich sagen..da war es wieder!!!
Jeder zweite Mensch der mir begegnete erwähnte mein Code-Wort. Das Hupen der Autos an einem Wochenende wies mich darauf hin. Schlicht und ergreifend zu jeder noch so passenden und unpassenden Gelegenheit, schien mir meine höhere Energie mitteilen zu wollen, dass meine Hochzeit jetzt gerade auf dem Weg zu mir war und damit war natürlich mein Seelenpartner gemeint. Ooo wie ich es liebte, auf diese Weise mit meinem treuesten und mächtigsten Diener aller Zeiten zu kommunizieren. Mein „Gin“, wie ich ihn auch manchmal ganz liebevoll zu nennen pflege, ließ wirklich keine Gelegenheit aus, um mir seine Superkräfte zu zeigen und mir damit seine baldige Lieferung anzukündigen. Ich bin bei jedem Mal, wenn mein Code-Wort gezeigt, gesprochen oder angepriesen wurde, fast ausgeflippt vor purer Freude, oder genauer gesagt, vor purer Vorfreude. Ja, ich habe es wie ein Kind, dem bei dem Wort „Weihnachten“ ebenfalls das Herz vor Freude überfließt, in den vollsten Zügen genossen. Manchmal musste ich meine Freude darüber, mit kleinen privaten Tänzen unterstreichen. Ich konnte einfach kaum inne halten, wenn ich mein Code-Wort auf irgendwelchen Wegen vernommen hatte.

Stets untermauerte ich meine Beweise über eine bevorstehende Lieferung meines Wunsches, mit den Worten: Danke, Danke, Danke, dass du mir auf so wundersame und vielfältige Weise die baldige Ankunft meiner Bestellung zeigst.

Und genau das beinhaltet jetzt Schritt Nummer zwei für dich!

Bitte überlege dir ein passendes Code-Wort für dich. Eines, das all deine Wünsche und Vorstellungen in deinem Raum widerspiegelt und in einem Wort zusammenfasst und beinhaltet.

So könnte z.B. das Wort „harmonische Partnerschaft" dein Code-Wort sein. Oder ganz einfach „Traumpartner", „Liebe", „Wunscherfüllung-Liebe" usw. Was immer dein Code-Wort auch sein mag, sei dir ganz bewusst, dass es mit deinem Raum der Liebe in dir gekoppelt ist. Fühle bei der Wahl deines Code-Wortes ganz liebevoll in dich hinein. Erspüre, was es mit dir macht. Sollte dich die reine Freude in dir mit dem Benennen deines Wortes überschwemmen, ist es dein, bzw. euer Wort. Euer gemeinsames Wort von dir und einer höheren Energie.

Freue dich unsagbar über jedes Zeichen das du empfängst und in dem dein Code-Wort vorkommt. Deine höhere Energie liebt es, mit dir in eine Art Spiel zu gehen und es liebt dich über alles dafür, wenn du es ihm so einfach wie nur irgend möglich machst.

Ich habe darüber hinaus während des ersten Schrittes auch noch zusätzlich, in YouTube, ständig Hochzeitsvideos angeschaut und mir dabei immer vorgestellt, das wäre jetzt ich. Auch diesen Kanal darf und kann man für sich nutzen. Eigentlich sollte jede Möglichkeit und Gelegenheit genutzt werden, um sein klares Ziel zu visualisieren und letztendlich tatsächlich auch zu erhalten.

Ich garantiere es dir, dass diese Methoden sehr schnell ihre Wirkung zeigen werden. Sehr schnell wirst du sowohl in deinem Inneren, als auch in deinem Außen, die Veränderungen ganz deutlich für dich auf dein Positiv-Konto (=der Liebe) verbuchen dürfen.

Nicht die komplizierten und lange dauernden Techniken sind die wirkungsvollsten. Wir Menschen sind in jeder Hinsicht sehr einfach gestrickt und lieben die Geschwindigkeit, die Einfachheit und den Erfolg mit dem Einfachen. Alles soll und darf uns Spaß machen. Deshalb sind wir überhaupt erst ins Leben getreten. Wir wollten Spaß, Liebe und Freude erleben und bis zum Exzess auskosten dürfen.

Wichtig ist, dass du auch mit deinem ganzen Herzen bei der Sache bist und natürlich selbst mit allen Konsequenzen, die eine Beziehung und Partnerschaft mit sich bringen, zu 100% einverstanden bist. So wäre es wenig sinnvoll, wenn du das Code-Wort "Heirat" oder "Hochzeit" für dich wählen würdest, wenn du nicht auch zu 100 % mit einer Heirat oder zumindest mit einer eheähnlichen Gemeinschaft, einverstanden wärst.

Werde dir bitte erst sehr klar darüber, welche Art der Beziehung du dir für dich wünschst.

Etwas mit halbem Herzen zu machen, wäre ziemliche Zeitverschwendung und auch wenig erfolgsversprechend. Mache dir also davor erst ausreichend Gedanken, was und wie du es willst. Das ist wirklich wichtig und verspricht dir darüber hinaus auch einen sehr schnellen Erfolg.

Nur zur Wiederholdung:

Die Vorgehensweise und die Reihenfolge dieser Wunschmethoden sind somit also sehr einfach und klar.
Der allererste und fast überhaupt der wichtigste Schritt ist es, unter allen nur erdenklichen Umständen in seine Mitte und damit in seine Selbstliebe zu kommen und diese zu verinnerlichen.
Dieser erste Schritt in die Selbstliebe wird sofort dafür sorgen, dass sich dein Leben in sensationell kurzer Zeit sehr deutlich verändern wird. Das SPS macht das mit dir sogar an einem einzigen Tag. Und auch hier ist dir die Einfachheit und der sofortige Spaß, an dieser Umprogrammierung, im Vordergrund und definitiv garantiert.
Der riesen Vorteil einer verinnerlichten und manifestierten Selbstliebe ist es, dass man aus seinen Ängsten, aus seiner Trauer, seinem Kummer seinen Sorgen und ganz besonders auch aus seinem qualvollen Liebesentzug rausgeholt wird. Eine sofortige Wandlung dieser niedrigen und belastenden Energien, in leichte, hohe und helle Energien, ist damit zu 100 % garantiert.

Erst dann und bitte, bitte wirklich erst dann, kann mit dem Visualisieren begonnen werden.
Tja, und nach spätestens drei Monaten, beginnt die Lieferung Gestalt anzunehmen. Indem dir über deine vermehrte Ansammlung deines Code-Worts die Beweise aufgeführt werden.
Bei mir hat alles zusammen ca. 4-5 Monate gedauert. Und jetzt sitzt er lebendig, sehr deutlich sichtbar und fühlbar, in Fleisch und Blut neben mir ☺

Alleine die Tatsache, dass du dich mit dem SPS und diesem Buch der Liebe oder mit einem von beiden beschäftigst, wird deine gesamte Aura, sowohl in deinem Innen und damit auch um dich herum, in ein helles Licht der Liebe wandeln. Schon alleine damit wirst du zu einem Magneten der Liebe werden. Mit wem oder was du dich den ganzen Tag über beschäftigst, ziehst du ganz automatisch in dein Leben. Deine gesamte Aufmerksamkeit, und damit deine Herzenergie, sind dadurch voll auf die Liebe eingestellt. Lasse die Wunder jetzt zu dir kommen und freue dich ganz einfach über jede Art von Liebesbeweisen. Es werden dir mehr als genug und als du es dir im Moment vorstellen kannst, erbracht werden.

Tipp I:

Um dich in der Zeit deiner Lieferung zusätzlich in einer wunderbar hohen und leichten Schwingung zu halten, eignen sich ein paar Lieder, die du dir immer wieder anhören darfst, ganz hervorragend dafür.
Meine ganz persönlichen Favoriten:

- Heart of Gold (Neil Young)
- So soll es bleiben.. (Ich + Ich)
- Küss mich - Halt mich – Lieb mich (Ella Endlich)

Speziell diese Lieder habe ich mir immer und immer wieder angehört. Zusätzlich habe ich jeden Abend mein Tagebuch, meiner bereits erfüllten Ziele und Wünsche, so lebendig und fantasievoll ausgeschmückt, geschrieben, wie ich es nur konnte. In YouTube meine Fantasie und Vorstellung, über meine bevorstehende Hochzeit, durch berührende Hochzeitsvideos, ebenfalls angereichert. Außerdem habe ich mich dann wie ein kleines Kind, dem das Herz bei dem Wort „Weihnachten“ aufgeht, gefreut, wenn ich mein Code-Wort „Hochzeit/Heirat“, ganz egal aus welcher Quelle auch immer, vernommen habe. Was zu Beginn noch etwas seltener vorkam aber in den kommenden Wochen schon fast stündlich bzw. minütlich, als absolut unverkennbares Zeichen nur für mich, gemünzt gewesen war.

Ich wünsche mir nichts Sehnlicheres als, dass die Menschen wieder zueinander finden.
Die hohe und ständig wachsende Singlerate macht mich sehr traurig und zeigt mir, dass wir uns gegenseitig nicht mehr brauchen oder wollen.
Ebenfalls ist es eine Art Feedback, dass der Mensch mittlerweile mehr von seinem Verstand oder seiner Angst vor einer Bindung beherrscht und geleitet wird.
Ja, die Liebe braucht Mut, aber ein Leben ohne die Liebe, würde bedeuten, nie wirklich gelebt zu haben.

Warum also nicht einfach mutig sein und es mal riskieren, die Liebe auszuprobieren und zu Leben. Schließlich ist die Liebe der Grund für unsere Existenz. Sie hat alle Chancen dieser Welt verdient…und dafür Lieben wir dich – **LIEBE!**

Tipp II :

Bei deinem „Als Ob“ Tagebuch,...so als hättest du deine Traumbeziehung bereits, ist eine Ansprache, an wen du deine Berichte schreibst, von allergrößter Bedeutung.
Da wir bei unseren Wünschen von ganz unterschiedlichen Energien beliefert werden, sollten hier auch die Energien, die für dich und deinen Seelenplan zuständig sind, angesprochen werden.
Unsere Vornamen, auch wenn es unseren Verstand übersteigen sollte, wählen wir uns tatsächlich selbst aus. Vornamen haben und teilen unsere ureigenen Energien. Nur die Nachnamen entspringen ganz weltlicher Natur und sind so gesehen bedeutungslos. Es spielt somit keine energetische Rolle, welchen Nachnamen wir tragen. Anders ist das bei unseren Vornamen! Sie sind bedeutungsvoll und voll geladen mit unserer Energie. Deshalb halte ich wenig davon, wenn man unsere Vornamen verändert oder abkürzt. Das sind dann nicht mehr unbedingt wir selbst. Auch das Siezen macht absolut keinen Sinn und entspringt wiederrum nur einer weltlichen Erfindung. Die Seele wird sich da nie und nimmer angesprochen fühlen und damit auch nicht unsere ganz persönlichen Helferenergien, die ein fester Teil von uns sind.
Genau aus diesem Grunde funktionieren Gebete oder eben solche Tagebücher nur, wenn wir die richtige, und damit die zuständige Energie für uns, auch direkt ansprechen.
Absolut sicher bist du mit der Ansprache:
Liebes höheres Selbst,...
Oder,
Liebe.......(und hier setzt du deinen Vornamen ein!)
Wenn es für dich passt und sich gut anfühlt für dich, kannst du auch das wählen:
Lieber Gott,......
Oder,
du kannst auch den Namen einer dir sehr wohlbekannten, verstorbenen Seele ansprechen.

Meine Ansprache in meinem Buch der Magie, lautet immer wie folgt:
Lieber Gott, liebste Oma, liebe Sigrid,...
Und dann beginne ich mit meinem Drehbuch für mein Leben.

So kannst du sicher sein, dass du auch von den richtigen Energien gehört und beschenkt wirst ☺ ☺ ☺

Damit endet das Buch der Liebe, doch die Liebe selbst endet nie und kann jetzt einen noch größeren Platz in deinem Herzen einnehmen.

Ich wünsche dir von ganzem Herzen ein erfülltes und segenreiches Liebesleben und verbleibe mit dir in inniger Verbundenheit und Liebe,
Deine Sigrid <3 <3 <3

☺ ☺ ☺

Im Anschluss an das Buch der Liebe, möchte ich dir gerne noch ein Geschenk der Liebe machen. Ich schenke dir noch ein paar ganz wundervolle wahre Erfahrungsberichte die ich im Laufe meines Berufungslebens, machen durfte.

Die Namen und auch die Orte sind allerdings frei erfunden. Ähnlichkeiten beruhen auf purem Zufall und lassen keine Verbindungen zu jemandem oder etwas herstellen!

☺ ☺ ☺

Erfahrungsbericht Nr.1

Ein junges Mädel, dass immer nur Pech in der Liebe hatte und ständig ein und die gleiche Erfahrung erleben musste, wusste sich einfach keinen Rat mehr. Sie sehnt sich so sehr nach der Liebe und einer festen Beziehung. Denn schließlich würde sie sich eines Tages auch sehnlichst einen Ehemann und eine nette kleine Familie wünschen. Was lief da nur schief oder was machte sie denn bloß verkehrt, lautete ihre Frage.

Sie war ein Bild von einem Mädchen und gerade mal 22 Jahr jung. Sie wusste sonst im Leben ganz genau, was sie wollte und studierte ihrer beruflichen Leidenschaft entgegen, um diese dann auch erfüllt leben zu können.

Nach einem längeren Gespräch, stellte ich sehr schnell fest, dass sie ein völlig verschobenes Bild einer Beziehung in sich trug. Sie war der Meinung, dass es absolut ok wäre, wenn sie bereits beim ersten oder zweiten Treffen mit dem Mann dann auch gleich Sex haben würde. Schließlich leben wir im 20 Jahrhundert und Prüderie gehöre der Vergangenheit an.

Sicher hat sich bis dato einiges verändert. Doch der männliche Jagdinstinkt ist ein absolut fester Bestandteil des männlichen Urinstinktes. Der Mann hat somit bei ihr, nach dem er bekommen hatte was er wollte, ganz einfach sein Interesse verloren. Ein Mann, der nicht erobern und jagen muss, sieht seine Beute nicht als etwas Wertvolles an. Somit hatte sich das Mädel unbewusst und unwillentlich in die Liste „erlegt und gehabt" eingereiht.

Frauen sind nun mal die Prinzessinnen und sollten um ihren Wert genau Bescheid wissen und diesen dann auch unter allen Umständen nach außen strahlen.

Männer lieben Frauen, die gerne lachen, aber eben auch etwas schwerer zu kriegen sind.

Hier gilt es, die Kunst des Zappelnlassens an den Tag zu legen.

Je länger ein Mann um die Frau kämpfen muss, desto mehr steigt der Pegel der Verliebtheit in ihm an. Er will,

nein er muss haben, was er nicht bekommen kann und er wird nicht aufgeben, bis er es hat.
Also keine Sorge, wenn auch ihr euren Prinzessinnenstatus leben wollt, dass euch der Mann dann evtl. entwischen wird und nichts mehr von euch wissen will. Das komplette Gegenteil wird der Fall sein. Er wird alles tun für euch und wird euch lieben, bis an euer Lebensende (und darüber hinaus ☺).

Erfahrungsbericht Nr.2

Ein Mann, Mitte 40, kam zu mir. Er war fast sein ganzes Leben lang Single, bis auf ein paar kürzere Beziehungen und schien einfach kein Glück mit der Liebe zu haben.
Er war beruflich sehr erfolgreich und leitete eine große Firma. Auch sein Äußeres war sehr gepflegt, wenn auch etwas unauffällig. Sport, Reisen, Musik und Theater gehörten zu seinen Freizeitbeschäftigungen ganz selbstverständlich dazu. Was konnte es somit nur sein, was die Damenwelt davon abzuhalten schien, ihn auch als potenziellen Partner wahrzunehmen.
Es stellte sich raus, dass er im Außen ganz offensichtlich aber nicht zu sich stehen konnte. Wenn es zu Begegnungen mit Frauen kam, fing er an, sich in eine unnatürliche Rolle seiner Selbst zu verlieren. Er wollte cool und gelassen auftreten. Doch innerlich war er sehr unsicher und angespannt.
Wir Menschen fühlen den inneren Zustand der anderen Menschen sehr klar und eine gespielte Rolle kann das einfach nicht verbergen, was uns in unserem Inneren beherrscht. Im Gegenteil, es fühlt sich für uns sehr unwahr und irgendwie sehr eigenartig an, wenn wir etwas vorgespielt bekommen, was nicht dessen Naturell entspricht.
Zu allererst war natürlich das Thema der Selbstliebe angezeigt. Denn wenn sich ein Mensch selbst wirklich, wahrhaftig und aus ganzem Herzen liebt, wird und braucht er keine Rolle zu spielen. Nur so wird er zum Magneten der Liebe werden können. Und wer die Liebe in sich fest verankert hat, zu dem kommt die Liebe ständig und beständig ins Leben.
Nach einigen Stunden im Selbstliebecoaching, hat sich sein Leben dann tatsächlich auch im Außen, ganz deutlich sichtbar und fühlbar, für ihn verändert. Jetzt war er die Sonne selbst und konnte endlich alle Schatten des Lebens hinter sich lassen.

Es zeigte sich aber nicht nur in seinem Privatleben eine positive Veränderung. Nein, auch beruflich lief es noch besser als es ohnehin schon war. Alles schien ihm nur so von der Hand zu gehen. Themen lösten sich buchstäblich in Wohlgefallen auf. Er war in seinem Flow..und damit von nichts und niemandem mehr aufzuhalten.
Tja, und damit kam ebenfalls die Liebe seines Lebens auch im Außen auf ihn zu.
Heute sind die beiden schon 2 Jahre verheiratet und seine Frau erwartet das erste Baby.
......und wenn sie nicht gestorben sind, so leben sie noch heute (kleiner Scherz am Rande ☺)!

Tipp für die Männer:

Wenn es darum geht Frauen anzusprechen, so weiß ich, dass die Angst vor einer Abfuhr bei einem Mann geradezu lebensbedrohlich sein kann. Deshalb trauen sich die Männer, bis auf wenige Ausnahmen, die Frauen erst gar nicht anzusprechen. Frauen machen sich aber nicht nur für sich alleine schön beim Ausgehen. Sie tun das auch, in der Hoffnung, dass sie von einem Mann angesprochen werden. Frauen lieben humorvolle Männer. Ein Mann, welcher die Frau zum Lachen bringen kann, triggert den Urinstinkt der Sicherheit und der Geborgenheit bei der Frau an.
Außerdem lieben alle Frauen es wenn sie Komplimente bekommen. Ein Mann der zu cool für die Welt ist oder eben nur so stumm und verklemmt an der Bar sitzt, kann noch so ein guter sein und dennoch wird er immer wieder übergangen werden.
Liebe Männer, seid einfach mal mutig und geht auf die Frau eures Herzens zu. Vertrau mir, die Frauen warten förmlich darauf. Seid beim Ansprechen einfach ganz ehrlich und gesteht ihr, dass euch das jetzt gerade sehr schwer fällt. Aber dass ihr es auch bereuen würdet, wenn

ihr es nicht gewagt hättet. (Und mal Hand aufs Herz, wie oft habt ihr es denn schon bereut, die Damen eurer Wahl wieder nicht angesprochen zu haben?). Glaub mir bitte, keine Frau wird eurer Ehrlichkeit widerstehen können. Selbst wenn nicht gleich die große Liebesbeziehung daraus entsteht, so wird es euch definitiv Selbstvertrauen und Selbstbewusstsein schenken. Evtl. entsteht dann wenigstens eine tolle Freundschaft daraus.
Wichtig ist nur, dass du ganz DU bist und absolut ehrlich gestehst, dass sie dir gefällt und du aber nicht unbedingt zu den Mutigsten deiner Gattung gehörst. Damit machst du schon die halbe Miete gut. Wenn es dir dann noch gelingt, die Frau zum Lachen zu bringen (aber bitte niemals Scherze auf anderer Leute kosten!), dann bist du mit absoluter Sicherheit ein potenzieller Kandidat für sie um jetzt einen näheren Blick auf dich zu werfen. Damit liegt es jetzt an dir, die Frau von deinen Eroberungskünsten zu überzeugen. Dies geht am allerbesten mit guten Manieren und ein wenig Gentlemen-Style.
Achte stets darauf, dass du gut riechst und gepflegte Hände hast. Frauen schauen meist zuerst auf die Hände und sie überprüfen für sich, ob sie dich gut riechen können.
Nicht alleine ein gutes Aussehen sorgt für den Erfolg bei den Frauen, es ist zu 90% der Charakter, in den sie sich verlieben.
Es lohnt sich somit auch, mal in ein Kosmetikstudio zu gehen. Das zeugt von Selbstbewusstsein und ganz wichtig, vom Selbstwert und damit natürlich wieder von der Selbstliebe zu sich.
Lache, Lebe, Liebe…und sei ganz du selbst und die Frauenwelt wird dir zu Füßen liegen ☺!

Erfahrungsbericht Nr. 3:

Eine Dame (44 Jahre jung) kam zu mir. Sie berichtete von ihrer langjährigen Ehe und dem Ende der Ehe durch das Fremdgehen ihres Mannes. Zu ihrem Erstaunen hatte ihr Ehemann sie aber nicht mit einer Jüngeren ausgetauscht, so ihre Worte, nein, ganz im Gegenteil, die Geliebte ihres Mannes war sogar 5 Jahre älter als sie. Sie verstand die Welt nicht mehr. Schließlich hatte sie in den ganzen 20 Jahren ihrer Ehe einfach alles für ihren Mann gemacht. Jede noch so kleine Aufgabe bewältigte sie stets ganz alleine und ohne die Hilfe ihres Mannes. Ob im Haushalt, mit den Kindern, vollkommen egal in welchem Bereich, sie erledigte alles ganz zuverlässig und sehr pflichtbewusst. Ihr Mann brauchte nichts weiter zu tun, als nach seiner getanen Arbeit nach Hause zu kommen und die Füße hoch zu legen.

Sie fühlte sich so benutzt und gleichermaßen wertlos...wie konnte das nur geschehen, bei allem, was sie für ihn getan hatte?

Dieses Ereignis lag allerdings schon einige Jahre zurück. Dennoch war ihr Thema die Liebe.

Sie hatte sich nämlich wieder verliebt und war mit diesem Mann bereits wieder in einer zweijährigen Beziehung gewesen. Das erste davon war wunderschön und alles schien geradezu perfekt zu sein. Doch im zweiten Jahr dominierten die Streitigkeiten und Auseinandersetzungen die beiden plötzlich. Sie wusste sich einfach keinen Rat mehr. Schließlich hatte sie auch hier wieder alles gegeben und diesen Partner darüber hinaus auch noch finanziell unterstützt und verwöhnt. Wie konnte er jetzt plötzlich nur so gemein werden und immer wieder sogar mit der Beendigung der Beziehung drohen?

Natürlich musste sie erstmal zu einem Umdenken kommen. Hatte die Gute doch all die Jahre das destruktive Muster der "Geberin" in sich verankert gehabt.

Das männliche Naturell will aber ebenfalls der "Geber" sein. Somit hatte sie ganz unbewusst, in ihren Beziehun-

gen immer den männlichen Part übernommen. Wenn ein Mann aber nicht geben darf oder kann, wird er sich schon bald neu orientieren wollen bzw. sogar müssen. Denn er wird sich zunehmend unwohler fühlen, da er ganz unbewusst entmannt wird. Die Krönung des Ganzen ist dann auch noch eine Art finanzielle Abhängigkeit, die ihn langfristig nur von uns Frauen entfernt. Kein Mann möchte sich von einer Frau abhängig fühlen. Früher oder später wird der Mann das Ganze dann beenden wollen, um sich endlich wieder männlich zu fühlen. Und das meist grundlos. Weder der Mann kann der Frau erklären, was mit ihm nicht stimmt, noch weiß die Frau was sie hier verkehrt gemacht hat.
Ein Mann will gebraucht werden. Er will seine Männlichkeit mit Taten unter Beweis stellen können. Bekommt er dafür keine Gelegenheit, hält er sich meist für beziehungsunfähig und verzichtet mitunter ganz auf eine Bindung mit der Frau.
Außerdem kommt es sehr häufig vor, dass die Frau, welche nur ein "Geber-Typ" ist, versehentlich auch noch in die Rolle einer Mutter hinein schliddert. Sie beginnt damit, den Mann zu umsorgen, evtl. sogar zu bevormunden und damit zu bemuttern. Doch das Letzte was ein Mann sich wünscht ist, mit seiner Mutter in der Partnerschaft zu sein. Das wird ihn dann vollkommen ablöschen und von uns weg treiben.
Deshalb ist auch hier die Selbstliebe wieder das Thema. Lieben wir uns selbst, werden wir nicht von der Liebe des Partners abhängig sein müssen. Jemand, der sich in ausreichendem Maße selbst liebt, wird auch nehmen können. In einer Beziehung ist das ausgewogene Nehmen und Geben der Schüssel für die Harmonie und die dauerhafte Liebe zueinander.
Deshalb habe ich die große Bitte an uns Frauen, lernt auch gleichermaßen, zu Nehmen und es darüber hinaus auch zu genießen. Lasst euch ebenfalls mal verwöhnen. So bittet den Mann auch mal um seine Hilfe oder Unterstützung, damit er weiß, dass er auch geraucht wird.

Seid doch einfach mal ganz Prinzessin und lasst den Mann euer Prinz sein und freut euch einfach über das was ihr bekommt. Ohne gleich das Gefühl zu bekommen, jetzt müsstet ihr das sofort wieder ausgleichen und wettmachen. Es gibt kein schöneres Gefühl für einen Mann, als gebraucht zu werden und sich dabei ganz männlich fühlen zu können.
Damit ist euch eine dauerhafte, treue, verlässliche und beständige Beziehung garantiert☺!

Erfahrungsbericht Nr. 4:

Eine sehr hübsche Frau kam eines Tages zu mir. Auch ihr Thema war die Liebe.
Sie hatte sich in einen verheirateten Mann verliebt und der verheiratete Mann ganz offensichtlich auch in sie. Alles hatte mit einer harmlosen Affäre begonnen und wurde dann aber zunehmend zum puren Stress und Horror, hauptsächlich für sie.
Hatte der Mann ihr doch versprochen, sich von seiner Frau zu trennen, um mit ihr in eine gemeinsame Zukunft gehen zu können.
Doch nach mehr als einem Jahr, war die Situation immer noch nicht verändert. Ständig erfand er neue Ausreden, warum er sich jetzt nicht trennen könnte. Ständig hatte er sie gebeten, weiterhin geduldig zu sein. Doch gerade die Feiertage, Sonntage und ganz speziell Weihnachten und Neujahr, machten es ihr fast unmöglich noch länger in der Geduld zu bleiben. Langsam aber sicher hatte sie das ungute Gefühl, dass er sich vielleicht niemals von seiner Frau trennen würde. Denn er hielt, zu ihrem Kummer, die Fassade einer perfekten Ehe, im Außen für alle anderen, weiterhin aufrecht. Seine gemeinsamen Urlaube mit seiner Frau und den Kindern und etliche Familienfeiern waren die absolute Spitze des Eisberges, um weiterhin an eine gemeinsame Zukunft mit diesem Mann glauben zu können.
Außerdem hatte sie zunehmend mehr den Eindruck, er distanziere sich von ihr. Verabredungen oder Treffen hatte er immer häufiger abgesagt. Auf ihre Nachrichten bekam sie immer seltener Antworten. Es beschlich sie das Gefühl, dass er sie evtl. nur benutzt haben könnte und er niemals ernsthaft vor hatte, sich jemals von seiner Frau zu trennen.
Hier musste natürlich sofort gehandelt werden. So schwer es ihr auch fiel, sie musste ihm jetzt ein Ultimatum setzten. Sie musste ihm eindeutig zeigen, dass es ihr ernst damit ist. Entweder seine Frau oder sie.

Doch davor hatte sie große Angst. Denn was sollte sie tun, wenn er sich nicht für sie entscheiden würde? Darauf meinte ich, ob der Zustand für sie denn wirklich weiterhin so erträglich und aushaltbar wäre? Wo möchte sie sich denn in einem Jahr sehen? Ist es wirklich das, was sie sich vom Leben und der Liebe wünsche?

Wenn es darum geht, für sich selbst ganz klare und eindeutige Entscheidungen zu treffen, geht man natürlich auch das Risiko einer Veränderung ein. Veränderungen sind für uns Menschen aber immer ein erhöhter Angstfaktor. Ein gewohntes Ufer zu verlassen, um auf eine unbekannte Seite zu wechseln, bedeutet gleichermaßen, auch die Angst vor dem Überleben zu haben. Wenn diese Angst auch noch mit einem evtl. bedrohlichen Liebesentzug gekoppelt ist, bevorzugen viele Menschen lieber den "unerträglich" gewohnten Zustand, als sich auf etwas Neues, gar Unbekanntes einzulassen.

Andere Menschen können unsere Angst vor einem Verlust erfühlen und neigen unbewusst dazu diese zu ihrem Vorteil zu nutzen. Jeder Mensch sucht immer seine ganz persönliche Grenze und um sie selbst nicht erleben zu müssen, gehen manche dann an die Grenze ihrer Mitmenschen. Doch wenn keine eindeutigen Grenzen (Ursprung in der Selbstliebe) wahrgenommen werden, kann es zu einer Ausnutzung und damit zu einer Minderung des eigenen Wertegefühls kommen. Damit wäre der Grundstein für eine Talfahrt in den Kummer und den Herzschmerz gelegt. Spätestens jetzt sollte man sich so schnell es geht Hilfe holen, um die Spirale nach unten ganz rechtzeitig wieder in die andere Richtung zu verändern.

Hat dieser Mann nach dieser langen Zeit immer noch keine Klarheit in seinen Beziehungen geschaffen, wird er es ohne ein Ultimatum auch niemals mehr tun. Die Bequemlichkeit hat Einzug erhalten und ein Grund für eine (angsteinflößende) Veränderung gibt es für ihn nicht mehr. Da dieser Zustand, schon von der Seele und vom Herzen her, aber unmöglich ein Dauerzustand sein kann,

muss irgendjemand mutig sein und alle seine Ängste über Bord werfen und eine Entscheidung (immer zu seinem besten Wohle) treffen.
Ihre Angst gründete auf dem Entzug der Liebe. Was, wie wir ja mittlerweile wissen, eine Überlebensangst darstellt. Auch hier galt es in erster Linie, sie in ihre Selbstliebe zu führen. Nur in unserer Selbstliebe werden wir uns sicher und geborgen fühlen und wissen, dass die Angst vor dem Überleben eine völlig unbegründete Angst ist. Sind wir dort angelangt, werden wir zu jeder Handlung, welche uns vor größerem Schaden beschützt, bereit sein. Auch unser Gegenüber wird das fühlen können, dass es uns sehr ernst damit ist. Und damit kann die Entscheidung des verheirateten Mannes auch tatsächlich zu ihren Gunsten ausfallen. Selbst wenn es so nicht sein sollte, sie hat sich dann wieder Freiraum für eine neue Liebe mit einem Seelenpartner geschaffen. Durch ihre Handlung in der Eigenliebe, wird ihre Ausstrahlung geradezu magnetischer, magischer Natur sein. Die Welt und damit die Liebe wird ihr buchstäblich zu Füssen liegen.
Ansonsten wäre sie zunehmend mehr in den Zustand der Wertlosigkeit abgerutscht. Ihre Ausstrahlung, ihr Selbstbewusstsein, ihr Selbstwert wären so dermaßen in den Keller gefallen, bis sie sich selbst nicht mehr fühlen könnte und sich dann vollkommen aufgeben würde.
Deshalb bleibt ihr nur eine einzig wahre Handlung, ein Ultimatum!
Und siehe da, der Mann hatte sich nach längerer Bedenk- und Auszeit dann doch für sie entschieden gehabt. Doch das Schöne daran war, dass es ihr nicht mehr ganz so wichtig war. Sie hatte sich selbst gefunden. Damit war sie aus dem Thema der Abhängigkeit einer Liebe im Außen gänzlich ausgestiegen. Die beiden haben sogar geheiratet und noch ein gemeinsames Kind bekommen.

Doch nicht immer ist ein guter Ausgang, wenn man sich mit gebundenen Partnern einlässt, auch garantiert. Viel häufiger ist es der Fall, dass sich die Partner aus Be-

quemlichkeit und aus der Gewohnheit heraus, niemals von ihren Partnern trennen.
Sollten Seelenpartnerschaften beendet sein, wird die Entscheidung für eine Trennung immer davor fallen. Erst kommen die Klarheit und die Trennung vom Partner und dann sollte man in die neue gemeinsame Beziehung einsteigen. Das wäre die richtige Reihenfolge eines Seelenplans, um seinem Nächsten nicht zu großen Schaden zufügen zu müssen.
Dennoch kommt es natürlich auch hier von Fall zu Fall auf die Seelenverträge und Seelenvereinbarungen an.

Persönliche Empfehlungen:

"Secrets sich selbst lieben lernen und sein Selbstbewusstsein stärken"

ISBN 978-3-943729-37-5

Hast du dich auch manchmal gefragt: „Was unterscheidet die erfolgreichen und glücklichen Menschen, von den erfolglosen und unglücklichen Menschen?" Warum besitzen manche Menschen eine schon fast magisch, anziehende Ausstrahlung und Wirkung auf anderen Menschen und andere wiederrum wirken unscheinbar und schon fast unsichtbar für dich? Was machen diese Menschen anders bzw. was macht diese Menschen aus? All das scheinbar unabhängig von Äußerlichkeiten, Erscheinung, Gewicht, Größe, Haar-und Augenfarbe, Alter und Status...... ***die Selbstliebe***

„Abnehmen leicht gemacht mit Hilfe der Lach CD"

Durch Lachen fit und gesund und vor allem mit Spaß schlank werden

EAN: 4280000292780

"Die ultimative Lach-CD"
10 Minuten Lachen = 30 Minuten Rudern oder Joggen, vom Kalorienverbrauch!

Hast du dir hin und wieder schon mal gewünscht, alles essen zu können und trotzdem schlank ohne Sport zu sein? Dann fragst du dich sicher: „Wie werde ich schlank ohne Sport? Wie kann ich....? - Effektiv abnehmen? - Erfolgreich abnehmen? - Richtig abnehmen? - Schlank und fit werden? - Leicht abnehmen? - Abnehmen ohne Diät? - Fit und gesund bleiben? - Schnell gesund werden? - 10 Kilo abnehmen? - Oder 5 Kilo abnehmen? - Schlank ohne Sport werden? - Noch leichter abnehmen? - Gesund und schlank bleiben? - In kurzer Zeit die Pfunde purzeln lassen? - Noch leichter abnehmen und dann auch weiter schlank und gesund bleiben? Mit der einzigartigen Lach CD ist das Abnehmen leicht gemacht. Du kannst dabei nicht nur erfolgreich abnehmen und schlank werden, du bekommst darüber hinaus auch noch eine faszinierende, betörende Ausstrahlung und Anziehung. Ob du nun 5 Kilo abnehmen möchtest oder 10 Kilo abnehmen möchtest, die Pfunde purzeln dank der sensationellen Wirkung dieser Lach-CD. Wir alle träumen vom Abnehmen ohne Sport, dabei gesund und schlank zu bleiben. Lachen ist gesund! Lachen steckt an!

Ankündigungen:

Ca. Ende 2015:

Karten über Ihn
Karten über Sie

Diese Karten beantworten dir deine Fragen und Unsicherheiten auf eine sehr klare und einzigartige Weise:

Fragen wie z.B.:

- Wird Er/Sie sich wieder melden?
- Darf ich Ihm/Ihr schreiben?
- Ist Er/Sie wirklich mein Seelenpartner?
- Denke Er/Sie an mich?
- Liebt Er/Sie mich wirklich?
- Kommt Er/Sie wieder zu mir zurück?
- U.v.m

Ab Ende 2015 dann auch als App erhältlich ☺

Wie spreche ich eine Frau an - 10 Top Techniken mit Erfolgsgarantie!

Der perfekte Ratgeber, wie Sie als Mann die richtigen Fragen zum Kennenlernen stellen!

ISBN: 978-3-943729-39-9

Flirttipps für Frauen und wie zeigen Männer Interesse

Das Kennenlernen und die 5 Fehler die Frau unbedingt vermeiden sollte

ISBN: 978-3-943729-40-5

Gesetz der Anziehung = Seelenplan = Blockaden lösen

Verstehe die Botschaften, Visionen und Engel Zeichen aus dem Universum!

Band 2 Reichtum anziehen

ISBN: 978-3-943729-41-2

Band 3 Gesundheit anziehen

ISBN: 978-3-943729-42-9

Band 4 Glückliche & gesunde Kinder anziehen

ISBN: 978-3-943729-43-6

Kontakt zur Autorin:

Sigrid Hornstein

www.elcaminopraxis.de

Über mich

Mein Name ist Sigrid Hornstein, ich kam am 06. August in Überlingen am Bodensee zur Welt. Meine Kindheit war sehr schön und soweit ich das beurteilen kann, relativ normal - was auch immer "normal" sein mag. Mein Traum war es, eines Tages eine Familie zu haben und mit meinem Mann und den Kindern in einem eigenen Haus zu leben. Meine Träume wurden auch alle wahr. Doch dann änderte sich mein Leben mit einem einzigen Wimpernschlag dramatisch. Ich hatte die Wahl mich jetzt gehen zu lassen und mich meinem Schicksal zu ergeben oder aufzustehen und etwas daraus zu machen. Ich entschied mich für Letzteres...

"Wem der Himmel eine große Aufgabe zugedacht hat, dessen Herz und Wille zermürbt er erst durch Leid." *(Meng Zi)*